高齢者の整理収納サポーター養成講座〈基礎研修〉公式テキスト

地域で支える高齢期の整理収納

自宅でいきいき暮らすために

特定非営利活動法人 暮らしデザイン研究所●編

かもがわ出版

はじめに

　さまざまな個性が輝く社会をめざしてスタートした私たちの活動も、今年で7年目を迎えました。

　法人設立の動機は、代表者である私が整理収納コンサルタントの立場から、発達障害者支援に関わったことがきっかけです。しかし、現在では超高齢社会を背景として、高齢者の支援にも整理収納のノウハウが求められるようになってきました。

　私たちの暮らす日本は今、総人口に占める高齢者の割合が26.7％（内閣府「平成28年版高齢社会白書」）に達し、超高齢社会を迎えています。団塊の世代が75歳に達する2025年には、さらに全人口の3人に1人が高齢者となり、そのうちの5人に1人が認知症という時代の到来が予想されています。

　戦後の高度経済成長に貢献をして年齢を重ねた高齢者の多くは、現在の住まいに一定以上の満足を得ており、その生活空間のなかで最期を迎えたいと希望する人が半数を超えています。一方、個々の家庭に目を向けると、施設への入所等で急に訪れるモノを処分する機会に、心の準備ができないまま多くを廃棄せざるを得ないケースがあとを絶ちません。

　そこで、私たち暮らしデザイン研究所では、高齢期の整理収納を3つのステージに分けて提案しています。

ステージ1…モノの整理を進めて欲しい、心身共に元気な時期。
ステージ2…心身の衰えに対して、収納のテクニックを用いた自立支援を必要とする時期。
ステージ3…認知機能にも衰えがみられ、家庭に支援者が入ることを見据えた収納が求められる時期。

　高齢者のみの世帯が半数を超える現在、ステージ2に至ると家庭だけでの解決は困難となります。「宅配便の箱が開けられずそのままになる」「ゴミを収集場所まで持って行けない」といった様子からは、地域ぐるみでのサポートの必要性が見えてきます。

　かつては日本の家屋の一部であり、地域コミュニティとの緩やかな境界線でもあった縁側の存在が影を潜め始めた頃から、私たちは隣人との間にいつしか心の境界線も引くようになってきたのかもしれません。

　こうした背景を踏まえて、今年5年目の事業となる「高齢者の整理収納サポーター養成講座」では、高齢者の心身の変化やそれらに対応した整理収納の知識にとどまらず、地域社会との連携をめざした研修を行っています。本書を通じて、長い期間を経てモノに反映された数々の想い出に配慮し、高齢者一人ひとりの心に沿った支援につながるよう願っています。

　2017年1月

特定非営利活動法人暮らしデザイン研究所理事長・森下真紀

地域で支える高齢期の整理収納〜自宅でいきいき暮らすために〜
目　次

はじめに ……………………………………………………………………………………… 3

1 整理収納支援はなぜ必要か ………………………………………………… 6

1. 高齢者を取り巻く時代背景 ……………………………………………………… 6
2. 高齢者の暮らしを支える整理収納とサポーターの役割 ……………………… 7

2 高齢者の身体的特徴を理解する ……………………………………………… 9

1. 日本の高齢者 ……………………………………………………………………… 9
2. 老化とは …………………………………………………………………………… 10
3. 加齢による身体機能の変化 ……………………………………………………… 10
4. 身体の各部位の変化と症状・疾患 ……………………………………………… 12
5. 生活不活発病 ……………………………………………………………………… 18

3 高齢者の心理的特徴を理解する ……………………………………………… 21

1. 高齢者の心理の背景 ……………………………………………………………… 21
2. 加齢による心理の変化 …………………………………………………………… 24
3. 高齢者のうつ病 …………………………………………………………………… 27
4. 認知症 ……………………………………………………………………………… 29

4 高齢者の特徴に配慮した整理収納 …………………………………………… 34

1. 整理収納サポーターに必要な視点と意識 ……………………………………… 34
2. 片づけへの手順〜整理収納の基礎知識 ………………………………………… 36
3. 高齢者に適した整理の方法 ……………………………………………………… 40
4. 収納の目的は「安心・安全」と前向きな気持ち ……………………………… 44
5. 配慮すべき収納のポイント ……………………………………………………… 46
6. 認知症高齢者の整理と収納 ……………………………………………………… 53

5 ウェルネス志向のポジティブ心理学 ……… 56

6 整理収納支援のための基礎知識 ……… 62

1. 地域包括ケアシステムとの連携 ……… 62
2. 高齢者とのコミュニケーションのとり方 ……… 65
3. 高齢者の自立支援のための住宅改修 ……… 66
4. 住環境におけるインテリアの工夫 ……… 68
5. マナーと心得 ……… 70
6. 感染予防 ……… 72
7. 整理収納とごみの関わり ……… 75
8. 減災と整理収納 ……… 76
9. 終活について ……… 79

7 事例に学ぶ支援のあり方 ……… 81

1. 整理収納とリハビリテーション ……… 81
2. 整理収納の役割 ……… 82
3. 暮らしのあり方とリフォーム〜動線と間取りの使い方〜 ……… 84
4. 介護福祉士とのかかわり ……… 86
5. 高齢期の発達障害への社会支援 ……… 88

［コラム］(1) 引越し　20
　　　　　(2) 人が人をどう支えるか〜介護の現場より〜　33
　　　　　(3) 何一つ捨てない整理で「自分らしい前向きな暮らし」を実現　43
　　　　　(4) 認知症高齢者の整理と収納の事例　55
　　　　　(5) ゴミを出せない人たち　74
　　　　　(6) セミナーを通した啓発で大切にしたいこと　91

推薦図書・参考文献　92
暮らしデザイン研究所の活動　93
執筆者紹介　94

1 整理収納支援はなぜ必要か

1. 高齢者を取り巻く時代背景

① 社会的背景

「高齢者」とは何歳からをさすのでしょうか？

日本国内では「医療に関する法律およびそれに付随する各種法令」で65歳以上74歳までを前期高齢者、75歳以上を後期高齢者と規定しています。

一方、近年の健康志向の高まりや医療の発達により、90代でも若々しく現役で仕事をする人も多く、現実には年齢だけで高齢者を定義づけることは難しく、その線引きは曖昧であるとも言えます。

日本社会は2010年をピークに総人口が長期の人口減少過程に入り、世界のどの国も経験したことのない超高齢社会を迎えています。来る2025年には「団塊の世代」が75歳以上となって高齢化率は大きく上昇し、「団塊の世代ジュニア」が75歳以上となる後の2060年には、国民の約2.5人に1人が65歳以上、4人に1人が75歳以上の高齢者になると推計されています。これを現役世代（15～64歳）と高齢者の割合に置き換えると1.3人で1人を支える社会が到来することになります（内閣府「平成26年版高齢社会白書」）。

日本の高度経済成長期（1954年～1973年）、その後の安定成長期（1973年～1991年）を働き盛りで支えたのが今日の高齢者世代であり、「大量生産・大量消費・消費は美徳」と謳われた社会で暮らしてきた世代です。経済的に安定し豊かにモノを所有している割合が高く、高齢になった今も子や孫の生活を支えている世帯も少なくありません。

このような背景から「高齢者が健康で自立した生活を送り、本人の尊厳が守られ、その人らしい暮らしを実現していくこと」が、日本社会全体にとって重要な課題といえるでしょう。

② 家庭の核家族化と地域コミュニティの希薄化

日本社会は1980年では「3世代世帯」が全世帯の半数を占めていましたが、2012年には「夫婦のみの世帯」が3割を占めて一番多くなり、その後「一人暮らし世帯」と共に増加し続けています。65歳以上の高齢者世帯の独居も年々増加しています（厚生労働省平成26年「国民生活基礎調査」）。

図1-1　65歳以上の者のいる世帯の世帯構成（平成26年）
注：「親と未婚の子のみの世帯」とは、「夫婦と未婚の子のみの世帯」及び「ひとり親と未婚の子のみの世帯」をいう。

　これは老老介護、疾病や老化による心身の衰えに対応して生活を支援する家族が身近にいない状況に繋がり、生活環境の悪化やゴミ屋敷など社会問題に発展しているケースも見られます。現実には子世帯が遠方に住んでいたり、経済的に親世帯を支援することが困難な場合も多く、家族や身内だけで高齢者の生活を支えることには限界があります。また、現代社会では個人のプライバシーが重視されお互いに干渉しない風潮が主流となり、生活に立ち入って近所で助け合うことが難しい時代でもあります。

　一方で「高齢者」になっても高い能力を発揮して地域社会で活躍する人、心身の健康状態が実年齢より格段に若々しく保たれている人も多く、ボランティアや地域活動で社会に貢献される人も多くみられます。さらに超高齢社会を支えたいと活動する若い世代も現れています。世代を超えたマンパワーを活用し高齢化・個人主義が進む地域コミュニティを現代社会に合う形で活性化させていくことが、今求められています。

2．高齢者の暮らしを支える整理収納とサポーターの役割

　住み慣れた自宅で最期まで自分らしく自立して暮らしたい、と願う人は多いことでしょう。統計でも「日常生活を送る上で介護が必要になった場合に介護を受けたい場所」は約4割、「最期を迎えたい場所」は約半数の高齢者が「自宅」を希望しています（内閣府平成24年「高齢者の健康に関する意識調査」）。

　このことからも高齢者の住まいの環境を整えることが重要であると言えるでしょう。整理収納は経済的負担が少なく、日々の生活をより快適に安心安全に暮らせる効果があり、誰でもいつでも始めることができる手法です。例えば以下のようなことです。

・転倒や事故の心配が減る
・動きやすく家事が楽になる

・減災に役立つ
・介護しやすく（してもらいやすく）なる
・子どもへの経済的負担、精神的負担が軽くなる

　高齢者の整理収納サポーターの役割は、整理収納の様々な効果を通して住環境を改善し高齢者がいきいきとその人らしい生活を送れるように支援することです。
　具体的な活動方法は、講座やイベントによる社会への啓発活動、家庭内での整理収納の提案や相談対応、地域の支援ネットワークとの連携、公的支援窓口の紹介などがあげられます。より質の高い、必要とされる支援を実現できるように、活動のネットワークづくり、知識や技術の習得、介護保険制度や市町村の支援システムについて常に新しい情報を得ておくことが重要です。

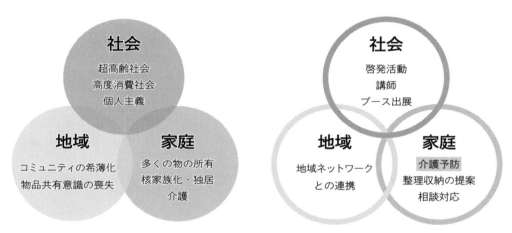

図1-2　高齢者を取り巻く時代背景　　　図1-3　高齢者の整理収納サポーターの役割

2 高齢者の身体的特徴を理解する

1. 日本の高齢者

　ひとくちに高齢者と言っても「団塊の世代」と言われる65歳の方から100歳を越える人まで、約50歳もの年の差があります。生きてきた時代も明治・大正・昭和・平成と幅広く、その間に戦争を経験し、自身が戦地に赴いたり、戦地に行く近親者を見送る経験をした人たちもいます。高齢者とは、長年にわたり二人として同じ人はいない、独自の生き方をしてきた人です。一人ひとりその人ならではの歴史があり、そのなかで培われた信念や知識、価値観、生活習慣や経験の蓄積をもつ人たちでもあります。

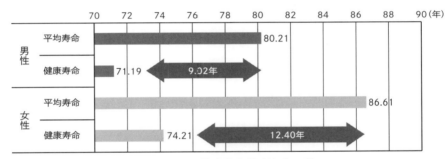

図2-1　男女別平均寿命と健康寿命の差

[資料] 平均寿命：厚生労働省「平成25年簡易生命表」
　　　健康寿命：厚生労働省「平成25年簡易生命表」、厚生労働省「平成25年人口動態統計」、厚生労働省「平成25年国民生活基礎調査」、総務省「平成25年推計人口」より算出

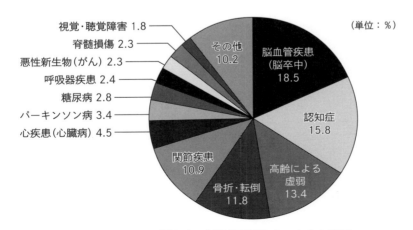

図2-2　介護が必要となった主な原因
出典：厚生労働省「平成25年　国民生活基礎調査」

一方、病気やケガなどの自覚症状のある人の比率は、年齢が高くなるにしたがって上昇します。65歳以上の約半数の人が腰痛、手足の関節痛、肩こり、頻尿など、なんらかの訴えをもっていると言われています。通院者数も年齢が高くなるほど上昇し、65歳以上では7割近くが通院しています。「健康上の問題で日常生活が制限されることなく生活できる期間」を健康寿命と言い、日本は平均寿命と健康寿命との差は約10年です。この10年を自立したよりよい生活が送れるように、住まいを整えることが大切です。

2. 老化とは

　老化とは、加齢によって心身の機能が低下することです。一般的に、約30歳をピークとして、それ以降は身体機能が下降しはじめます。加齢による身体や精神の変化は個人差が大きく、歳をとるほどその差が拡大していきます。

　老化には「通常老化」と「病的老化」があります。通常老化は、老化の進み方がゆっくりで、心身の機能が比較的良好に保たれている状態で、最後までその人らしい人生を歩むことができます。

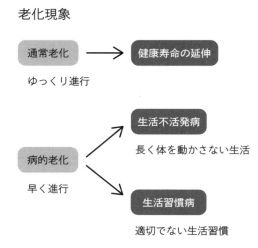

図2-3　加齢にともなう現象フローチャート

　病的老化は、生活習慣病やストレスなど、老化を促進する原因により、老化が急速に進む状態です。複数の病気を併発しQOL＝Quality of Life（生活の質）が低下するケースも多く見られます。

3. 加齢による身体機能の変化

① 予備力の変化

　人間の身体は日常生活で使う以上の能力を備えており、この余力を予備力といいます。加齢にともない予備力は低下し、環境変化への適応が難しくなります。身体に負担がかかると病気になりやすく、慢性化しやすくなります。また、「無理がきかない」「踏ん張りがきかない」という感覚をもつことが多くなります。

② 恒常性維持機能の変化

　人間は体内の環境を一定に保つことで、健康上の問題が生じることを防いでいます。体

内の環境を一定範囲に保つ機能を恒常性維持機能といいます。高齢になるとその機能が低下し、体温や血糖値、免疫その他の体内環境が保たれにくくなるので、病気にかかりやすく、回復にも時間がかかるようになります。

③ 防御機能の変化

加齢にともない、リンパ球を中心とする免疫をつかさどる細胞の数が減り、質も低下します。そのため細胞やウイルスに対する防衛反応が十分に働かず、感染症にかかりやすくなります。危機に直面したときに心身が俊敏に反応できず、事故に遭いやすくなり、さまざまなストレスにも弱くなります。

発熱も身体の防御機能の一つですが、インフルエンザや肺炎などに罹患しても熱が出にくく、発見が遅れる場合もあります。

④ 回復力の変化

老化により、病気やケガからの自然回復力が低下します。病気をすると治りにくくなり、運動による疲労からも回復しにくくなります。

⑤ 適応力の変化

生活環境や身体の変化に対して、健康を維持し日常生活を継続するために、状況に対応

高齢期の暮らしチェックリスト（いくつ該当するかチェックしてみましょう）

□ 1	しまい忘れが多く、いつも探しモノをしている。
□ 2	ひとりでいるのが不安になったり、外出するのがおっくうになった。
□ 3	自宅内で手すりや杖を使っている。
□ 4	床から立ちあがる時や、段差の上り下りがむずかしい。
□ 5	友人が来ても室内まで入れたくない。
□ 6	財布や通帳など大事なモノを失くすことがある。
□ 7	高い所（低い所）のモノを取り出しにくい。
□ 8	新聞の文字が見えにくい。色の区別がつきにくい。
□ 9	薬をのみ忘れたり、のんだかどうかわからなくなる。
□10	趣味や好きなテレビ番組を楽しめなくなった。
□11	紙おむつや紙パッドを使用している。
□12	夏でも冬の服を着ている。
□13	モノを捨てるのが苦手だ。
□14	片付けようと思っているが、気力が出ない。
□15	1週間以上窓を開けずにいることがある。

（まわりからの評価も聞いてみましょう）

することを適応と言います。老化により、適応することが難しくなります。転居や入院などの環境の変化に適応することができず、うつ状態や認知症状を生じることはよく知られています。

近年、配偶者の死や病気などを理由に、高齢の親を地方から子世代の住む都心部に呼び寄せ、同居・近居する家庭も増えています。しかし、転居後の新しい生活習慣や言葉の違い、知り合いがいないなど、環境の変化に適応できず、うつやひきこもりになる「呼び寄せ高齢者」問題が注目されています。

4. 身体の各部位の変化と症状・疾患

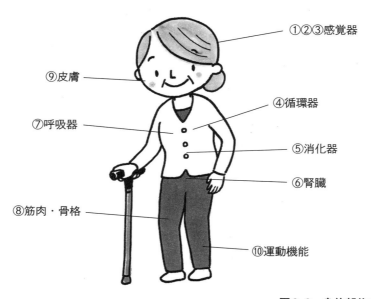

図2-3　身体部位のイメージ

① 感覚器《視覚》

人は生活に必要な情報の80％を目から得ていると言われています。正常な加齢変化として40代から視力低下がみられます。

物を見るときの遠近を調節する機能が低下します（遠視）。近くの物を見たあと、すぐに遠くの物を見ようとするとき、焦点を合わせることが難しくなります。暗い場所で少ない光でもとらえられるように感度を調節する（感度を上げる）機能（暗順応と言います）も低下し、夕方や照明が暗いところでは物が見えにくくなります。動体視力も低下します。また、視野が狭くなる、白内障などによる視力の低下、色の差（例：赤と茶色、青と黒など）がわかりにくい、などが起こったりします。

加齢による視力低下が生活に及ぼす影響には、次のようなことがあげられます。
・生活範囲の縮小
・活動性の低下
・生活の自立困難
・転倒リスクの増大
・情報不足、理解力の低下
　整理収納という点から見ても、眼の疾患・症状には注意が必要です。
　高齢者に多く、注意が必要な眼疾患には、以下のような症状があります。

《老人性白内障》
　70歳以上の高齢者の90％に見られます。視覚障害、眼精疲労、霧視（霧がかかったように見える）、羞明（まぶしさ）などの自覚症状があり、色に関しては全体に黄色がかって見えたりします。物の識別が困難になり細かな物の区別がつきにくくなります。

《緑内障》
　何らかの原因で視神経が障害され、視野が狭くなる病気です。

《加齢黄斑変性症》
　加齢などによって網膜に老廃物がたまり、視神経が多く集まる黄斑部が障害される病気です。視野の中心が黒い影になって見えない中心暗点や視力低下、モノがゆがんで見える変視症などの症状が見られます。

《糖尿病性網膜症》
　国民病とも言える糖尿病の三大合併症（糖尿病網膜症、糖尿病神経障害、糖尿病腎症）の一つです。物がかすんで見えたり、ごみのようなものがちらついて見えたりします。

　脳血管障害（脳梗塞、脳出血、くも膜下出血等）による半側空間無視（眼で見た空間の半分を無視してしまう）・半盲（視野の半分が欠ける状態）などの症状をもつ人もいます。
　視覚障害の症状を理解し安全な住環境づくりに活かしましょう。

◎視覚障害高齢者への対応
　(1)声を出して挨拶をする。軽く肩や腕に触れるとわかりやすい。
　(2)ものを説明するときは「あなたの左側」とか「タバコの箱くらいの大きさ」など具体的に説明する。
　(3)家族やみんなで使うものは必ず元に戻す。

　② 感覚器《聴覚》

　加齢とともに生じる聴力低下＝「難聴」の出現には個人差があり、程度の違いはありますが、多くの人が体験します。老人性難聴（感音性難聴）では高音域から低下し、次第に

中音域へと聴力低下が広がっていきます。日常会話が聞き取りにくくなり、コミュニケーションに支障をきたし、疎外感を抱いて抑うつ状態になることがあります。

◎聴覚障害高齢者への対応
　(1)静かな所で、肩や手に触れ、注意を向けてもらいながら話しかける。
　(2)お互いの口の動きや表情から言葉がわかるように、正面で向かい合い、口を大きく開けて話す。
　(3)ゆっくりと明瞭に単語ごと話し、聴き慣れているわかりやすい言葉を用いる。
　(4)耳元で大声で話されると、怒られているような気持ちになるので、難聴の程度を見極めておく。
　(5)動作（ジェスチャー）を交えて話す。
　(6)必要に応じて、補聴器を使用する。

③ 感覚器《味覚・嗅覚・触覚・痛覚など》

　唾液の分泌量が減り、口の中が乾燥しやすくなることや、薬の副作用などが原因で、味覚が低下することもあります。味を感じにくくなるため、濃い味付けを好んだり、食欲が低下することもあります。

　嗅覚は個人差がありますが50代から急激に減退すると言われています。加齢による視力の低下・嗅覚の低下の症状もあるので食品管理などに注意が必要です。

　痛みに対する反応が低下するため、病気の初期段階では症状が乏しく、発見が遅れる危険もあります。ケガをしても痛みを感じにくい場合があり、骨折などの重大な症状が見過ごされるケースもあります。

④ 循環器《心臓・血管》

　心臓が血液を全身に送り出す力（心拍出量）が低下し、心拍数（脈拍）も少なくなります。そのため、運動など大きな心拍出量が必要な状態に対応できなくなり、早く歩いたり、階段や坂道を登ったりするときの身体への負担感が大きくなります。

　動脈の血管壁が硬くなり、血管の弾力性が低下、血流への抵抗が増すため、高血圧症になりやすくなります。血圧調節機能の低下により、起立性低血圧（立ちくらみ）が起こりやすくなります。

　血管内にコレステロールがたまると血管が狭くなり動脈硬化が起こりやすくなります。動脈硬化や高血圧は狭心症や心筋梗塞の原因にもなります。

　温かい部屋から寒い部屋への移動などによる急激な温度変化によって、血圧が上下に大きく変動することをきっかけに起こる健康被害がヒートショックです。気温の下がる冬場の脱衣所や浴室、トイレなどで多く見られ、失神や不整脈を起こしたり、急死に至ること

もある危険な状態です。

◎ヒートショックの予防
(1)食後1時間以上空けてから入浴する。
(2)入浴前後にコップ1杯ずつ水を飲む。
(3)脱衣室を暖かくしておく。
(4)浴室を暖かくしておく：浴槽にお湯を溜めるときに、シャワーを使って高い位置から浴槽に注いだり、前もって浴槽のフタを開けてお湯をはるのも効果的。高齢者は2番目以降に入浴するのもよい。
(5)お風呂のお湯の温度は、設定温度は38～40℃程度のぬるめに設定する。
(6)寝室をトイレの近くにする。

⑤ 消化器

唾液の分泌量が減り、嚥下反射（口の中でひとかたまりにした食べ物を喉から食道まで一気に運ぶ運動を起こす反射）がにぶくなり、食べ物が飲み込みにくくなります。むせたり、誤嚥（気管に食物が入ること）しやすくなります。

大腸と肛門の機能も変化します。消化液の分泌が少なくなり、腸の蠕動運動（主に食道から直腸までの収縮運動。消化した食物を送る運動）の低下などにより、便が停滞しやすくなります。

肛門の収縮力低下や、便意を感じてからトイレに行く・脱衣するなど、一連の動作に時間がかかるようになり、便失禁を起こしやすくなります。

腹筋力が低下し、排便に必要な腹圧をかける（いきむ）ことができにくくなるため、高齢者は便秘になりやすいと言われます。

◎便秘の予防
(1)決まった時間にトイレに行く習慣をつける。
(2)運動をする。散歩を兼ねて歩くのも効果的。いすに座って上体をひねるだけでも腹筋を鍛える効果がある。
(3)水分をしっかり取る。水分不足は便秘以外にも、脱水症状を起こす恐れがある。
(4)食事内容を工夫する。ヨーグルト・みそや納豆など乳酸菌や食物繊維を含んだものを摂るようにする。
(5)便秘であることを医師に相談する。薬の副作用で便秘になっている場合があり、必要に応じて便秘薬を服用することもある。

⑥ 腎臓・泌尿器

腎臓の血液ろ過機能、尿を作る機能が低下します。膀胱と尿道の間にある膀胱頸部や膀

胱の括約筋が硬くなり、残尿が起こりやすくなります。また、残尿により膀胱炎を起こしやすくなります。

　男性では前立腺肥大により排尿しにくくなったり、頻尿（尿の回数が多くなる）や尿漏れも見られます。女性では出産により尿道周囲の靭帯や筋肉がゆるみ、腹圧性尿失禁（咳・くしゃみ・笑うなどで腹圧が掛かると少しずつ尿が漏れる）が見られます。

◎頻尿・失禁への対応
　(1)尿漏れなどの問題はデリケートで表に出にくいので、整理収納を行う上での聞き取りには特に配慮が必要。
　(2)軽い尿漏れなら尿ケア専門品を使う、骨盤トレーニングをするなど、対処が可能なことも多い。
　(3)早めに医師に相談することも大切。

⑦ 呼吸器

　肺の弾力性が低下します。胸郭（胸骨・肋骨・胸椎からなる胸部の骨格）も硬くなります。さらに、肺筋力の低下で姿勢が悪くなり、肺が圧迫され肺活量が減ります。肺でのガス交換効率が悪くなり体に取り込める酸素の量も減ります。

　そのため、少し動くだけでも息切れがしやすく、疲れやすくなります。嚥下反射やせき反射の作用が衰えるため、気道に入った異物をうまく排出できず、気道感染や誤嚥性肺炎を起こしやすくなります。

　代表的な高齢者の呼吸器疾患に、慢性閉塞性肺疾患（COPD）があり、近年は在宅で酸素療法を行う人も増えてきました。冬期など、酸素装置は火気から2メートル以上離れたところで使用するなどの注意が必要です。

⑧ 筋肉・骨格

　筋力が低下すると運動量が減り、それにともない筋肉が萎縮、弾力も低下します。骨のカルシウム量が減り、骨粗しょう症が起こりやすくなります。女性ホルモンであるエストロゲンの減少により骨密度が低下するため、特に女性に多く見られます。骨粗鬆症が起こると骨がもろく、弱くなり、骨折しやすくなります。

　高齢者に生じやすい骨折部位のひとつ、大腿骨頸部は、運動によっては体重の3～7倍の負荷がかかると言われ、そのため転倒骨折しやすくなります。脊椎の変形（上下に押しつぶされたようになる）により円背（背中がまるくなること、猫背）になることもあります。

　関節の軟骨がすり減って周囲の骨が変形する変形性関節症が起こりやすくなります。関節液が減少し関節が動きにくくなり、関節の可動範囲が狭くなります。そのまま動かさずにいると、拘縮（関節周辺の筋肉や皮膚などの軟部組織が伸縮性を失って固くなり、その

結果関節の動きが悪くなること）が起きやすくなります。

⑨ 皮膚

皮膚が薄くなり、皮膚感染症にかかりやすくなります。皮膚の弾力が減り、皮膚が乾燥しやすくなります。汗腺の機能が衰え、汗をかいて体温を調節しにくくなり、熱中症にかかりやすくなります。皮膚感覚（触覚・痛覚・温度感覚）が低下すると、痛みや温度変化を感じにくくなります。

⑩ 運動機能

運動神経の伝達速度が遅くなります。視覚や聴覚と体の動きをとっさに協応させることができず、危険回避が遅れるため、事故に遭いやすくなります。平衡感覚が低下すると、安定した姿勢の保持が難しくなります。瞬発力も低下します。手が震え、細かい作業が困難になることもあります。

発症率が高いパーキンソン病とガン

※神経系の進行性の病気としてパーキンソン病があります。国内で10万人以上と推定されています。主に40歳から50歳以降に発症し、ゆっくりと進行する原因不明の神経変性疾患で、神経伝達物質の一つであるドーパミンが減少することで起きると考えられています。

特徴的な症状として、手足のふるえ、手足のこわばり、動きが遅くなる、体のバランスが悪くなる、の４つが知られています。「ふるえ」は、じっとしているときに手や足に現れるのが特徴です。手を膝に置いて、何もしていないと膝の上の手がふるえだし、手を膝から離して何かをしようとするとふるえが消えます。

進行性のため、病気の進行を少しでも遅らせることが治療の目的になりますが、進み方には個人差があります。ご本人の生活の質を保つためにも病気の進行を把握し、それに合わせたサポートが必要です。

※悪性新生物（ガン）は、日本人の２人に１人が発症すると言われています。最近は入院治療期間が短くなったり、治療による副作用への対策がなされ、自宅で療養しながら自分らしい生活を送る方も増えています。

5. 生活不活発病

　生活不活発病とは、過度の安静や活動性が低下した状態などの「廃用」、つまり身体を使わないことが長期間続くことによって起こる心身機能の低下を示すことばで、医学用語では廃用症候群と呼ばれています。

　元来、人の骨や関節や靭帯などは、地球の重力の影響を受け、自身の体重（加重）や運動により、その機能を保持しています。したがって、不動や臥位など体重負荷が少ない状態では、筋肉内のタンパク質などが減少し、萎縮が生じます（廃用性萎縮※）。それが長期化すれば、筋の短縮・筋力低下、骨萎縮が起こります。健康な人でさえ、一週間の症状安静で筋力が10〜15％低下すると言われています。

　「使わない時間」と生活不活発病の発症の関係など細部は解明されていませんが、車椅子に座らせっぱなしだったり、引きこもりなど活動性の低い状況から生活不活発病になることも多くあります。

　　※廃用性萎縮は、疼痛やギブス固定など、何らかの理由で活動制限または活動停止した際に起こる機能的な萎縮。筋肉で最も起こりやすい。

　生活不活発病の主な症状には、不動により局所的に起こる症状と、不動が長期に及んで起こる全身性の症状があります。

　さらに活動範囲が狭くなり刺激が少なくなることで起こる精神・神経性の症状があります。こうした心身機能の低下により、日常生活が不活発になり、やがて自尊感情の低下や

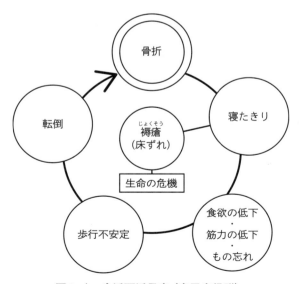

図2-4　生活不活発病（廃用症候群）

社会参加にも影響が及び、健康状態を低下させることもあります。

　震災による避難生活など、環境の変化によって動かないでいることから生じる心身の機能低下も問題になっています。足腰の筋肉が落ちて歩きにくくなる、心配機能が衰えて疲れやすくなる、うつ状態になる、などのこともあります。

　「動きにくいから動かないと動けなくなる」。覚えておきたい言葉です。

※骨折の原因となる転倒は、住環境を整えることで防ぐことができます。
※動きやすい環境は生活不活発病の予防につながります。

高齢者疑似体験のすすめ

　加齢による身体機能の変化は、高齢者疑似体験セットを装着することによって体験できます。75歳から80歳の高齢者の身体機能の低下《感覚器の低下、特に視力・聴力や手足の関節運動の制限など》を体験することにより、高齢者の心理状態も理解することができるようになっています。

[資料提供] 株式会社三和製作所「サンワ高齢者疑似体験キット」より

〈コラム⑴ 引越し〉

　近年、高齢者の引越しが増えてきています。その背景には、核家族の増加で、自宅で老年期を過ごすことが難しくなっている事があげられます。
　特に多いのは、
　１、階段の上り下りがきつくなったため、子どもの住居に近い場所にあるバリアフリーのマンションなどに引っ越す。
　２、子どもがいなかったり、遠方に住んでいて、頼る人がいないので、元気なうちに、老人ホームなどに引っ越す。
　以上の２例です。
　どちらも同じことが言えるのですが、一戸建て住宅からマンションや施設に移る場合、今まで所有していた物を全て持って行くのはスペース的に不可能です。
　そこで、要るもの、要らないものを分別する作業が必要となるのですが、高齢者にとってはこれが一番時間のかかる作業なのです。大概の方が、要不要の仕分けをしないまま、数十年住んでいます。なぜかというと、押し入れの天袋に入っている物など、高齢者は、脚立に乗って、高いところにある重い荷物を確認することも、年々難しくなるからです。
　そしてついつい物を床上に置きっぱなしにして、そのために掃除をするのがおっくうになり、住まいが不衛生になる、という悪循環を起こします。
　高齢者の整理収納サポーターとして、お伝えしたいことは、ただ「物を減らしましょう」ではありません。
　健康なうちに、家族で過ごした自宅の物ひとつひとつと向き合って欲しいのです。そして、すっきりとした気持ちでこれからの人生をもっと大切に生きて欲しいということなのです。
　不要な物はリサイクルに出す、思い出の物はお子様に管理してもらう、などして、自分で簡単に管理できる範囲の物の量にすると、気持ちも軽くなり、また掃除もしやすくなります。
　整理収納は高齢者にこそ、実践して欲しい健康法と言えるのではないでしょうか。

3 高齢者の心理的特徴を理解する

1. 高齢者の心理の背景

　高齢者の心理は個別性が高く、心理的特徴やその背景となるものはさまざまです。一人ひとり違うということを十分理解したうえで、多くの高齢者に共通すると考えられる一般的な心理の背景についてみていきましょう。

① 身体の老化

　加齢によって、身体の予備力が低下してきます。筋力が衰え、心臓や肺の機能も低下します。そのため、若い時には余裕をもってできていた日常生活の何でもないことで疲れやすくなり、行動に余裕がなくなります。

　すると、新しいことに取り組むのがおっくうになってきます。また、慣れた家事などの活動に対しても意欲をもって行うのが難しくなり、複雑なこと・手間のかかることを省略しがちになります。省略してしまったことが目についてくると、「自分はもう何もできない」と、すべてのことができなくなったかのように感じ、自信をなくしてしまうことがあります。

　老眼など、視覚機能の変化によって、新聞やパソコンなどの細かい文字が読みにくくなります。目が疲れやすくなるため、書かれたものを見る頻度が下がり、新しく取り入れる情報量が減ります。物事の判断材料が少なくなると、経験から導き出した結論に固執しがちになります。

　老人性難聴によって、回りの雑音と会話の音声との区別がつきにくくなり、相手の話す内容が聞き取りにくくなります。聞きまちがったり、聞き逃したりすることが重なると、言語的コミュニケーションに支障をきたし、他人とかかわることを避ける人も少なくありません。やがて、地域の集まりに参加しなくなり、社会から取り残されたという孤立感をもちます。

　筋力、特に下肢の筋力低下や、関節の変化によって、歩くと疲れやすい、歩くと痛みがある、つまずきやすくなるなどの問題が生じ、外出の頻度が減ってきます。それに伴って友人との交流の機会が失われたり、季節の変化を肌で感じたりすることが少なくなります。歩かないことでさらに筋力が低下し、転倒への不安から家に閉じこもりがちになることもあります。

腎臓や泌尿器の機能低下によって、頻尿や尿失禁などの排尿障害が起こると、外出や人と会うことに不安を感じるようになります。尿失禁を恥ずかしいことと感じ、自尊感情が低下しやすくなります。
　このように、身体の変化が日常の活動に影響を与え、それが心理にも大きく影響することが頻繁に見られます。

② 配偶者や友人との死別

　身近な人（親・兄弟・配偶者・友人など）の死によって、喪失感や寂しさを感じます。自分が取り残されたという感覚や、自分の死が近いのではないかという不安を長く持ち続けることがあります。死を身近なものとして意識するようになり、死への準備を考えるようになります。最近は、ペットと暮らす高齢者が増え、身近な人だけでなくペットの死による喪失感を持つ人も多くなっています。

③ 役割の変化

　社会と関わる機会が減ると、他人から頼られたり、感謝されたりする機会も少なくなり、日常生活の中での喜びや感動を感じにくくなります。仕事からの引退によって、「することがなくなった」と感じたり、無用感を持ったりすることはよく見られ、行動する意欲が減退する場合もあります。
　人との関わりが減少すると、規則正しい生活をしなくなり、昼夜逆転がおこりやすくなります。
　一方で、仕事を引退してから、現役時代に時間がなくてできなかった趣味に挑戦することに生きがいを感じる人や、地域の活動に参加して新たな友人を作る人もいます。社会全体の高齢化が進み、高齢者が地域社会の中心的な役割を担うようになってきているため、活発に活動する人はやりがいを感じる一方、現役時代と変わらない忙しさへのストレスを持つ人も見うけられます。
　子どもの自立によって親としての役割が終わったことで、達成感がある一方、寂しさを感じ、新たなライフステージに移行することが容易でない場合もあります。
　これまで自分が担ってきた家事を、自分以外の家族が担うことになると、自分が得意としてきたものを奪われたように感じ、自分と異なるやり方で家事をする家族との間で対立が生じることもあります。買い物に出かける、ゴミ出しをするなどの家事を担わなくなると、外出の機会や近隣の人との交流も減ってきます。
　高齢になってから親や配偶者など家族の介護を担うことになった場合、新たな役割を得て、やりがいを感じる反面、自分の自由な時間が減り、社会から取り残されているという孤立感をつのらせるようになります。先行きが見えないことでの将来に対する不安も、合

わせ持つことになります。

　家族の死によって、介護者としての役割が終わると、喪失感だけでなく、肩の荷が下りたという安堵感とともに、「もっとできることがあったのではないか」という後悔の感情を持つことも普通に見られます。同時に、介護の経験が自分を成長させてくれた価値のあるものだったと肯定的に振り返る人も増えています。

④ 経済力の低下

　年金生活になり、収入が減ることや、病気等で医療費が発生することなど、将来に向けた経済的な不安が発生します。実際には余裕のある生活をしていても、心細さや嫉妬の感情、猜疑心を持つ場合もあります。今後の経済面の不安から、外出や友人との交流を控えるようになる人もいます。

⑤ 長い人生経験

　高齢者には、長年積み重ねてきた豊富な人生経験があります。様々な問題や困難を乗り越える中で身に着けた知恵や洞察力をもっています。思慮深さ、状況を読みながら適切に対応する能力などを身につけています。

　現在の後期高齢者の多くは、戦前の家父長制の影響を受けており、自分のやりたいことを犠牲にしても、家族のために尽くすという考え方をもって生きてきました。自分の権利を主張することは、わがままだと考える風潮の中で暮らしてきたため、物事を自分で決めたり、選んだりすることに慣れていない人も多くみられます。

　団塊の世代（1947年～1949年生まれ）とその後の世代の高齢者は、戦前の教育や価値観の影響を直接には受けていませんが、親の世代からの間接的な影響を受け、戦前の封建的・保守的な価値観と、戦後の民主主義の価値観を併せ持っています。これまでの高齢者になかった時代背景と、人生経験により、上の世代とは全く異なった心理的背景を持っています。この世代は、人口が圧倒的に多く、常に競争が付きまとってきたため、高齢になっても同世代との競争意識を持ち、他人と自分を比較する傾向もみられます。また、自分の考えをはっきりと述べ、「個性的でありたい」と願う人が多いのも特徴です。

　いずれの世代の高齢者も、これまでの人生で成し遂げてきたことに対する自信や達成感も持っています。

2. 加齢による心理の変化

　高齢者の心理は、ここで述べる一般的な特徴だけでなく、その人なりの人生の歩みや、現在の身体の状態、日常生活の様子、空間的・社会的環境など様々な要素と相互に関連してつくられていますので、高齢者をサポートする時には、その人の全体像を把握することが必要です。

　高齢者によくみられる心理の特徴として、次のようなことが言えます。

① 記憶力の低下

　目や耳から得た情報は、脳に送られ短期記憶として海馬（かいば）という場所に一時的に保管されたのち、必要な情報は大脳皮質に長期記憶として書き込まれ、保管され、必要な時に取り出されます。加齢にともない、注意能力が低下すると、目や耳から情報を収集する能力や、収集した情報を処理する能力も低下します。

　つまり、見たり聞いたりしたことが、長期記憶として、書き込まれにくい状態（「新しいことが覚えられない」状態）が生じます。

　すでに長期記憶として書き込まれている情報は、長く保持されるため、昔のことは詳細に覚えている傾向がみられます。保管されていた情報を必要な時に取り出す能力（想起力）も低下します。本などで覚えた知識は、体験に基づくものではないため、想起が難しいものですが、自分の体験したことは、長く保持され、想起されやすく、昔の体験を話すことが多くなります。

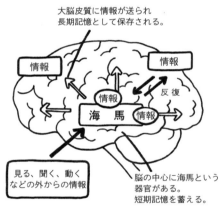

② 知的機能の変化

　老化によって、知的機能が急激に低下するわけではありません。知能には、新しい環境に適応したり、新しいものを覚えたりする能力である流動性知能と、過去に習得した知識や経験をもとにして、現在の状況に対応する能力である結晶性知能があります。

　流動性知能は、30代〜40代にピークに達して、その後はごくゆるやかに低下し、60代後半からは急速に下降します。流動性知能が低下すると、初めて行う作業に時間がかかるようになります。時間をかけて取り組めるよう周囲の配慮が必要です。

　結晶性知能は、60代頃がピークで、80代頃から緩やかに低下するものの、20代とほ

ぼ同じ程度には保たれます。このことから、高齢者は、新しいことを学び、記憶するのは得意ではありませんが、過去の経験をもとにして、他人の気持ちを推し量ったり、その場に適した行動を取ったり、人間関係の調整を行ったりすることに秀でていると言えます。

③ 保守的・内向的になりやすい

高齢になり、結晶性知能が流動性知能より発揮されやすくなると、長い人生の間に身につけた価値観をもとに物事を判断する傾向が強くなり、自分の考え方に執着しやすくなります。そのため、思考や行動に頑固さや保守性が現れ、周囲から、自己中心的であると思われることもあります。これまでの役割に固執し、「年寄り扱い」されることを強く拒否する人もいます。

新しいものを取り入れたり、環境を変えたりすることに対しては用心深く、消極的で、自分の知らないやり方で新たな課題に挑戦することをためらいます。

視覚・聴覚をはじめとする感覚器の機能低下によって、理解力が低下すると、思い込みや誤解が生じ、コミュニケーションに支障が出ます。それによって、周りの人に対して猜疑心をもちやすくなり、孤立感を強めます。

筋肉・骨格の運動機能の低下によって、外出や社会との交流が減るとさらに防御的で内向的になりやすくなります。

社会から孤立して、閉じこもりがちになることも少なくありません。

④ 意欲の低下・依存的になりやすい

健康上の問題や、心身機能の低下によって、若い時には難なくできていたことができなくなり、「老い」や「衰え」を実感し、自信を失います。実際には、継続してできていることの方が多いにもかかわらず、できなくなったことがクローズアップされ、自己評価が低くなります。

身体を動かす速度が遅くなるため、何か作業をするときに、制限時間があったり、急がされたりすると、ストレスが大きくなります。時間内に作業ができないことで、羞恥心を持ち、意欲の低下につながることもあります。

自信の喪失や意欲の低下によって、自分の力で物事に取り組んだり、環境を変えたりすることを諦めがちになります。できないと感じることを他人に依存する傾向が強くなり、「してもらって当然」という考え方になる場合もあります。

他人との交流の機会を得たいために、他人に依存的になることもあります。また、家族や友人に失敗を指摘されると、再び失敗を避けるために自分で行動せず、他人に依存するようになることも珍しくありません。

⑤ 他人に対する寛容さ

　頑固で物事に固執しやすい面がある一方、他人への寛容性も持ち合わせています。

　長い人生の中で、様々な問題や葛藤と向き合い、解決しようと努力してきた中で、自分の思い通りにならない体験も多く、後悔やみじめさなどの感情に向き合う経験を重ねています。そのため、他人のおかれている困難な状況や苦しみに、自身の過去の状況を重ね合わせて考え、共感することができます。過去の経験に、これまで身に着けてきた知識を合わせて、ものごとを俯瞰する能力を身に着けているため、気持ちに余裕を持って他人に対して穏やかに優しい気持ちで接する傾向も持っています。

　自分のことは二の次で、家族のために尽くすという価値観を長年持ち続けてきた影響で、自分の思いを表出するのをためらったり、遠慮したりする人が多く、周囲の人が、本人の様子から本音をくみ取る必要が出てきます。

　他人に喜びをもたらすことを自分の喜びと感じ、他人から頼られることに自分の存在意義を感じます。自分がしたいことが明確でなくとも、他人が幸せな気分になることで、大きな満足感を持つことができるという面も持っています。

⑥ 憂鬱な気分になりやすい

　高齢者は、仕事や役割の喪失、身近な人の死による人的な喪失、経済基盤の喪失など、様々な喪失体験に直面します。若者のように、将来に対する希望を感じにくいため、喪失体験の受容や克服が難しく、憂鬱な気分になりやすく、それが長く続くとうつ病になるケースも多くみられます。

　高齢者のうつ病については、次の項目で詳しく述べます。

3. 高齢者のうつ病

① うつ病とは

うつ病は、精神的なエネルギーが低下して、気分が落ち込み、物事に興味を持てなくなったり、気力がなくなったりという辛い気持ちが続き、日常生活に支障が出るようになった状態です。高齢者には、抑うつ状態やうつ病を持つ人が多くみられます。

② 高齢者のうつ病の原因

▶**心理的な原因**

(1) もともとの性格の傾向として、真面目で責任感が強い、神経質といったものがあげられます。

(2) 身近な人やペットとの死や別れ、社会的役割の変化、健康状態の悪化、住環境の変化（施設入所や、転居）、経済的な問題などのライフイベントとそれにともなうストレスです。

▶**身体的な原因**

(1) がん、糖尿病、高血圧、心臓や呼吸器の疾患、足腰の痛みなど様々な疾患があります。

(2) 脳梗塞や脳出血などの脳血管性の病気では、脳の血流が悪くなるためにうつ病を発症すると考えられています。

(3) 様々な疾患によって、高齢者は多くの薬を服用しており、薬の副作用として、うつ症状がでることもあります。

上記以外には、女性であることや、うつ病の既往のある人、家族の介護にあたっている高齢者もリスクが高いと言われています。

③ 高齢者のうつ病の特徴

うつ病には、(1)強いうつ気分の持続、(2)興味や関心、喜びの消失、(3)疲れやすさや気力の低下などの主な症状と、それに伴って出てくる、思考力・集中力の低下、強い罪悪感、死にたい気持ち、食欲や睡眠の障害（食欲がわかない、眠れない）などの症状があります。

高齢者では、これらの典型的なうつ病の症状を示す人が少なく、通常の診断基準を満たさないとして見落とされてしまうこともあります。

高齢者のうつ病では、「悲しい」という訴えが少なく、否定的な感情や気分低下は目立ちません。かわりに、意欲や集中力の低下がみられ、「物忘れが増えた」といった記憶力の衰えについての訴えもよくあるため、認知症との区別がつきにくい傾向があります。

不安や焦燥感が強く、居ても立っても居られなくなり、家の中を歩き回ったり、しまっ

てあるものをすべて引っぱり出してしまうといった行動がみられることもあります。

　身体の不調を過剰に心配する、気分的な訴えが多いのも特徴です。頭痛、関節痛、腹部膨満感、腰痛、呼吸困難、全身倦怠感など、様々な身体面の症状をこまごまと訴えることが目立ちます。

④　うつ病の高齢者への対応

　典型的なうつ病の症状があらわれにくいために、周囲の人がうつ病であると気づかずに、「年のせいだろう」と考えがちです。本人も、精神科への受診をためらうことが多いのですが、早期に専門医の診察を受け治療を始めることが重要です。

　薬物治療で処方される薬が、規則正しく飲めるような環境整備も考えます。

　うつ病の高齢者には、疲れたこころを休めるために休息が重要で、安心して休める環境を整えます。症状の重い時期に家庭で療養される場合は、家族の目の届く環境で休んでもらい、回復するにしたがって、行動範囲を広げていけるようにします。

　「頑張らなくてもよい、ゆっくり休むように」ということを伝え、本人の話には、しっかりと耳を傾け、共感的に応答しましょう。

　高齢者の場合、安静が長く続くと、身体の機能が低下してしまうため、回復してくると、無理のない程度に、家事や軽い運動ができるように、促すことも大切です。

高齢者のうつ病の事例

　Aさん（77歳・女性）は、脳梗塞の後遺症をもつご主人の介護を一人で担ってきて、2年あまりたった頃、体全体がだるく感じることが増えてきて、動くのがおっくうになってきました。疲れがたまっているのだろうと思いましたが、生真面目なAさんは、ご主人の介護の一部分でも他の人に代わってもらおうとは考えず、頑張り続けました。

　しかし、「めまいがする」「お腹が張る」「頭が重い」「息がしにくい」など、様々な身体の症状が出てきました。さらに、ご主人の言動に常にイライラし、夜中に目が覚めて眠れなくなる日が続くようになりました。ご主人のデイサービスの日を忘れることが重なり、ご主人のケアマネジャーが訪問して、Aさんの異変に気づきました。

　Aさんは、ケアマネジャーの勧めで心療内科を受診し、うつ病と診断されました。ご主人には、2週間ショートステイに行ってもらい、処方された薬をきちんと服用して、ゆっくりと休養されたところ、少しずつ症状が和らぎました。一時は、家事も手につかないほど気力が失われていたAさんでしたが、その後は、近くに住む娘さんや、ヘルパーさんの助けを得て、頑張りすぎないように気をつけながら、ご主人との穏やかな日々を送られています。

4. 認知症

① 認知症とは

　認知症とは様々な原因で脳の細胞が死んだり働きが悪くなったりしたために、記憶障害や理解力の低下などの症状が現れ、日常生活を送る上で支障がでてくる状態のことです。平成28年現在、65歳以上の高齢者の4人に1人が認知症または認知症予備軍であると言われています。高齢になると脳の老化によって、物忘れしやすくなりますが、認知症による物忘れは、体験全体を忘れ、それが日常生活に支障をきたす点で老化による物忘れと異なっています。

② 認知症の原因疾患

　認知症の原因となる疾患で一番多いものは、脳の神経細胞が広範囲に死んで脳が委縮する「変性疾患」で、アルツハイマー病・レビー小体病・ピック病などがこれにあたります。脳梗塞や、脳出血が原因で一部の脳神経細胞が死んでしまう脳血管性認知症もよく見られます。変性疾患による認知症と血管性認知症とで認知症全体の8割以上を占めています。
　その他、外傷や腫瘍よる疾患、中毒性の疾患など原因は様々です。

健康な脳のイメージ

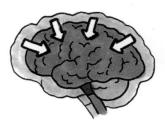
アルツハイマー病など

脳血管性認知症

③ 認知症の症状

　認知症の症状は、「中核症状」と「行動・心理症状（BPSD）」の二つに大別されます。
　中核症状は、記憶障害（新しく経験したことの記憶が抜け落ちますが、その時の感情は残ります）、見当識障害（日時…現在の年月日、場所…今いる所がどこか、人…この人は誰かなどが、順にわからなくなります）、判断力の低下（情報処理能力が低下し、ものごとに適切な対処ができなくなります）、実行機能障害（計画を立てて一連の作業を行うのが困難です。ひとつずつ行えばうまくできます）など、脳の神経細胞が壊れることによっ

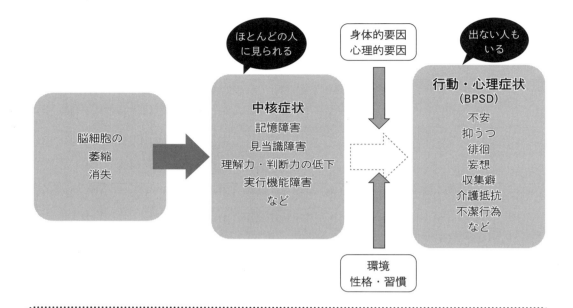

中核症状と行動・心理症状の事例

　Ａさんは、認知症で、掃除機の使い方を忘れておられます。どのように動かせばよいかわかりません。これを失行（物事のやり方がわからなくなること）と言い、記憶障害とともに、中核症状のひとつです。

　もともと気が短いＡさんは、掃除機の使い方が、わからないことで、焦り、いらいらして、大声で「動かない、つぶれたものを渡すな」と怒鳴ります。

　長女が、「掃除機なんて簡単でしょ。何でわからないの。情けない」と応じると、掃除機を床にたたきつけて、家族に向かってテーブルの上の物を投げつけます。

　記憶障害や、失行などの中核症状に、Ａさんの性格や、使い方のわからないもの（＝環境）、長女の対応の仕方が加わり、「焦り」「いらいら」「大声を出す」「物を投げる」などの行動・心理症状が現れます。

　Ａさんには、掃除機ではなく、ほうきとちり取りを用意したところ、器用に使いこなして掃除をされ、「茶殻をつかうともっときれいになるよ」とにこやかな表情で話されていました。長女も対応の仕方を変え、ほうきを上手に使って掃除をしているＡさんに「さすが、お母さん、きれいにしてもらって、ありがとう」などと、優しい言葉をかけるようにしたところ、Ａさんの言動が徐々に落ち着いて穏やかになってきました。

　このように、行動・心理症状は、環境（ここでは、Ａさんが慣れ親しんだ道具を用意したこと）や、対応の仕方（ここでは、長女がＡさんが自信をもてる言葉をかけるようにしたこと）によって減らしたり、現れなくしたりすることが可能です。

ておこる症状で、認知症のほとんどの人に見られます。中核症状によって、周囲の状況を適切に把握できなくなり、生活に多くの不便が生じます。

そこに身体の不調、もともとの性格や生活習慣、環境、周囲のかかわり方などの要因が加わることで、不安・妄想・抑うつなどの精神症状や、徘徊・介護抵抗・収集癖・暴力など日常生活を困難にする様々な行動が現れてきます。このような症状を行動・心理症状と呼びます。行動・心理症状は多様で個人差が大きく、まったく現れない人もいます。また、かかわり方や環境の見直し、治療によっても、現れる頻度を減らせる可能性の高い症状です。

④ 認知症の治療

認知症には早期発見・早期治療が重要です。早期に対応することで、薬で進行を遅らせたり、必要な社会資源を活用してその人らしい生活を穏やかに継続することができます。

認知症の診断は、問診・知能検査・心理検査・画像検査・血液検査など、様々な角度から行われます。

認知症と診断されると、原因となっている疾患にあわせた治療が行われます。薬物治療以外に、脳の活性化を促す治療法（認知リハビリテーション）も数多く用いられていますが、治療とともに、日々の健康管理も大変重要です。

⑤ 認知症高齢者への対応

認知症の人と接する時に重要なことは、本人のペースに合わせる、本人の認知している世界に合わせることです。本人の世界を理解するためには、本人に聞くこと、言葉だけでなく表情や動作から想像してみることが必要です。

話すときは、本人のなじみのある言葉で、「短いセンテンスで、ひとつずつ。理解できるペースで」を心がけます。

本人の話にはしっかりと耳を傾け、間違った内容であっても、否定せず、正そうと説得するのではなく、本人の世界の中で納得してもらえるよう自尊心を大切にしたやりとりを行います。

認知症があってもできることはたくさんあります。生活歴や生活習慣を把握して、行動を丁寧に観察することで、「わかるよう」「できるよう」工夫してかかわることが可能になり、本人の持っている力を発揮してもらうことができます。

⑥ 認知症高齢者と環境

環境は、認知症の人の生活の質に大きな影響を与えます。慣れ親しんだ環境であれば、安心して落ち着いて生活できますが、新しい環境では、大きなストレスを感じ、今までで

きていたことができなくなり、行動・心理症状の原因となることもあります。　そのため、本人が不安を感じる環境の変化はできるだけ避けるとともに、「ホッとできる。懐かしい」と感じられる環境整備を目指します。

⑦ 家族へのサポート

　認知症の人の家族が、本人の状態を受け入れ、本人に寄り添うことが自然にできるようになるまでには、様々な葛藤があります。家族は、精神的な負担だけでなく、身体面（ゆっくり眠れないなど）、経済面の悩みも抱えています。

　家族の気持ちに共感し、ねぎらうことが大切です。

　家族の生活空間を使いやすいものにする整理収納もサポートの一つです。

　本人の居住空間を大きく変えることはしませんが、家族に対しては、意向を踏まえつつ、家事や介護がしやすいように、機能的な収納の提案や、ホッと一息つける、安らげる空間の整備も検討します。

　家族が元気であることは、認知症の人にとっても重要です。家族の負担を軽減するために、介護保険やその他のサービスの利用を提案したり、「認知症の人と家族の会」などの相談窓口の利用を勧めることも、本人のサポートにつながります。

〈コラム(2) 人が人をどう支えるか～介護の現場より～〉

「おはようさん、Ｔさん。今日のお昼は、ちらし寿司とハモの天ぷらやて。」
「へぇ、楽しみやなぁ。京の夏はやっぱりハモを食べんとな。」

毎朝のお決まりの光景だ。施設生活をされている方にとって、食事は楽しみのひとつである。食事の献立の話から、料理自慢や思い出話しへと、会話が多方面に広がっていく。

食事には、水分・栄養の摂取という「生命の維持」、食べるという「日常動作の維持」、食事を楽しみ、おしゃべりを楽しむという「社会活動の維持」などの役割がある。食事は目で楽しみ、香りをかいだり、季節を感じたりなど、五感に良い刺激を与える。食事の介護は、決して動作の介助だけではなく、生活全体の基盤を整え、活性化することにある。

Ｔさんが入所された時は、長期入院後ということもあり、気力・体力共に低下されていた。入所後は一日のほとんどを居室で寝て過ごされ、食事は残されることが多く、他入所者様とお話しされることが少なかった。

そこで、まずはＴさんにしっかり食べて体力を取り戻してもらうことと、他入所者様とコミュニケーションをとってもらうことを目標に、医療・介護・栄養士・理学療法士・作業療法士などが連携しプランを立てた。Ｔさんは料理が得意であったということなので、みんなで「ちらし寿司」を作って食べる計画をした。そして当日、ちらし寿司の作り方のコツやそれにまつわる思い出話などをしながら腕を奮ってもらった。出来上がったちらし寿司を前に「どうぇ。私のちらし寿司、なかなかのもんやろ？」といい笑顔のＴさんであった。

その後もＴさんは、簡単な家事を手伝ったり、ディルームで他入所者様と過ごされる時間が増え、徐々に日常生活動作が向上していった。

このように日々の生活の中で、楽しみ（目標）や役割を持つことによって、前向きになり、活力が生まれる。介護は、食事、入浴、排泄などの身体的な援助だけでなく、その人らしい生活を取り戻すための支援であるということである。施設生活であっても、今までの生活から切り離されたものではなく、生活の延長線上にあるものとしてとらえる必要がある。

そのために介護を必要とする人は、個別の生活習慣や生活背景をもつ生活者であるということを、介護者は理解することが大切である。

4 高齢者の特徴に配慮した整理収納

1. 整理収納サポーターに必要な視点と意識

　高齢者の整理収納サポーターの目指す役割は「高齢者本人の幸福感の向上を支援する」ことにあります。実際の整理収納を行うときには、「高齢者の長い人生経験と習慣を尊重し、ひとりひとりの状態に合わせる」という考え方が大切です。「高齢者とは…」と一般論で決めつけるのではなく、個々の価値観や心身の状態などの個性を持つ人として接するということです。「片づいていないと不便だろう」「すっきり片付いたら喜ばれるだろう」といった支援する側の独りよがりな思い込みは、サポーターが目指す本来の姿とは大きくかけ離れたものです。

　住まいの整理収納では、置かれているモノへ意識が集中しがちですが、ここではモノ以外に意識すべきいくつかの視点をあげておきます。

① 本人の暮らしの全体像を捉える

　何気ない会話を通して、じっくりと本人の生活史や暮らしの様子を把握することに時間をかけます。具体的には、

・趣味や地域社会での活動
・生活している場所の状況や生活行為
・心身の健康状態
・家族・介護支援者の関与の有無や内容

など、普段の暮らし全体を知る情報です。家族や支援者の関わりがある場合は相互の情報共有も必要です。

　「片づけができない人」という側面のみを見るのではなく、本人の全体像を捉えた情報を整理収納の提案に活かせることは、本人や家族の信頼を得てその後の作業スムーズにすすめることにもつながります（6-2「高齢期のコミュニケーションのとり方」参照）。

② 本人の意向を理解する

　「住まいをどうしたいか、どうなりたいか」などの画一的な質問をしても明確な回答が得られないことが少なくありません。そこで本人の言葉で、日常生活で不便に感じていること、我慢はできるが少し気になっていることなどを話してもらいます。サポーターが高

齢者の行動を観察して「○○は使いにくくないですか？　大丈夫ですか？」といった具体的な質問をしてみると、隠れていたニーズが明らかになることもあります。

これらの質問に明確な答えが返ってこない場合でもサポーターが性急に答えを出すのは控えます。高齢者の場合は、今の状態を変えたくないと感じたり、人の手を借りることに遠慮や抵抗を感じることが少なくありません。同居している家族が居るケースでは家族の意向を気にしていることもあります。サポーターが適切に関わることでこれらの課題が解決に向かう可能性もあります。

いずれにしてもゆったりと構えて観察し、本人の意向に沿って進めることが大切です。

③　本人の能力を活かす（介護予防・自立支援）

整理収納による住環境整備の目的の一つが高齢者の自立支援です。そのためには本人の身体的特徴・心理的特徴を把握し、過剰な介護を避け、本人の能力を活かす視点が重要です。

例えば調理器具や食器の配置を改善することで、痛みを感じる動作負担が減り、ヘルパーに依頼していた調理作業を自分でできるようになったという事例があります。屈む、腕を高くあげる動作はできないが、それ以外の身体能力を使って調理ができるように整理収納を行った成功事例です。

体力や気力に応じた適切な範囲で「できることに目を向ける＝能力を活かす」視点は、本人の意欲や前向きな気持ちを生み出し、日常生活の活性化につながるケースも多くみられます。

④　自宅ならではの自分らしい暮らしの追求

身体が動きにくくなっても変わることのない目標が「自分らしく暮らす」ことです。「もう高齢だから仕方がない」と本人があきらめている場合でも、整理収納で住環境を整えることで「住み慣れた家で自分らしい暮らしを続ける」ことを支援することができます。

その際、安全や機能性を重視するあまり、本人の趣味やライフスタイルへのこだわりが後回しになると意欲の喪失や孤独感につながってしまうので注意が必要です。家族や友人との交流、愛着のあるモノや思い出と共に過ごす時間など自宅ならではの暮らしの質を大切にする視点が大切です。

2. 片づけへの手順～整理収納の基礎知識

ここでは高齢者に限らず一般的な整理収納の基本知識を理解することを目的とします。

① 整理収納の目的を設定する

一般的に住まいの整理収納を行うためには、「どんなふうに暮らしたいか」という目標を本人が持つことが重要です。この目標がこれから始める整理収納作業の優先順位やモノの取捨選択の判断の基準となり「やって良かった」という達成感と繋がるからです。

例えば、「要らないモノを減らす」だけではいっこうに作業が進まなかった人が「アレルギーの子どものために掃除しやすく清潔な住まいで健康を手に入れる」という目標を見つけたのをきっかけに一気に整理作業がすすんだ、という事例もあります。

目標を持たず漠然と「片づけ」をすることは、頂上が見えずに山を登っている感覚と似ていて、不安になったり途中でやめたくなってしまうものです。第三者が「目標は○○でいきましょう」と指導的に進めてしまうことも本人の思いとは別のゴールを見てスタートしている危険性があります。ただ、高齢者に限らず多くの人が、すぐに目的を描くことができず、「そんな大げさなことは考えていない」という反応がみられることもあります。なぜ、整理したいと思ったのか、普段の生活で困っている原因は何か、観察したり会話を重ねて「自分が望む暮らし」を見つけていきます。

整理収納の目標は人それぞれ違います。
「子どもが自分で片付けられるようにしたい」
「資格を取得するために勉強を効率的にしたい」
一見全く違うように見える目標ですが、共通しているのは、「これからの暮らしをより良く豊かにする」という点であり、これが整理収納の普遍のゴールなのです。

② 片づけの手順

目標が決まったら、ひとつひとつのモノと向き合いながら片づけを始めます。モノを片づけるときは、やみくもにしまい込むのではなく、正しい手順を踏むことが大切です。それが図4-1の「整理」→「収納」→「片づけの習慣化」です。

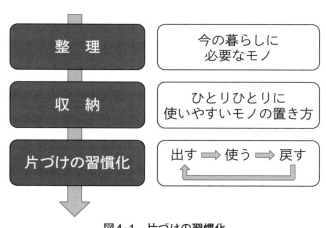

図4-1　片づけの習慣化

▶ **整理**（図4-2）

　今の暮らしに〈必要なモノ〉と〈必要でないモノ〉に分ける〈今使っているモノ〉と〈今使っていないモノ〉という事実を基準にするとさらに簡単に分けることができます。

　A-Bゾーンの「必要なモノ・使っているモノ」は次の『収納』へ進みます。

　使うモノの中で、好きであったり、関心が高いAゾーンの比率が多いほど、生活への満足度が高まります。Bゾーンのモノは、使っているがさほど好きではなく、関心が低いので、次に買い換えるタイミングでAゾーンのモノを選ぶように意識を変えていきます。

　「必要でないモノ・使っていないモノ」の中で、〈思い出のモノ〉、〈手放すことを迷うモノ〉がCゾーンです。これらがモノを減らしにくくする原因のひとつとなっています。思い出のモノ、迷うモノは各々グループとしてまとめて箱に入れて保管しておきます（図4-3）。時間の経過を利用して執着が薄れたモノから手放していくと無理なく減らしていくことができます。

　Cゾーンの思い出のモノには、使う・使わないにかかわらず、所有する人にとってかけがえのない価値をもつモノが含まれています。第三者が整理にかかわる場合には十分な配慮が必要です。

　特に思い入れもなく、手放せるのがDゾーンです。モノを手放す方法は廃棄だけでなく、ゆずる・売る・寄付といったReuse（リユース）、再資源化のためのRecycle（リサイクル）などの方法もあります。ReuseやRecycleはゴミの減量化につながる社会貢献であり、手放すきっかけともなります。

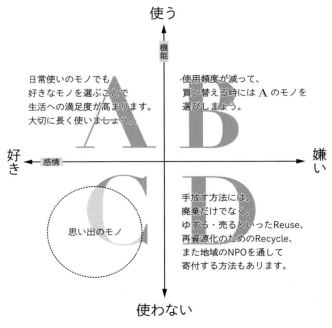

図4-2　「整理」のイメージ

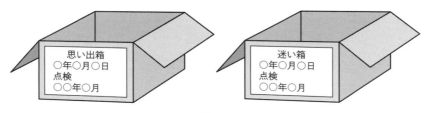

図4-3

▶収納

ひとりひとりに使いやすいモノの置き方にする収納は、引き出しや棚にしまい込むことではなく、必要なモノ・使っているモノを〈使用頻度〉や〈動線〉に配慮して使いやすく置くことです。

〈使用頻度〉

頻繁に使うモノ（使用頻度が高い）を優先的に出し入れしやすい場所に置きます。毎日使うモノとそのストックを引き出しに入れる場合、高頻度の毎日使うモノを出し入れしやすい手前に入れ、低頻度のストックを奥に入れます。

〈動線〉

ここでは家の中で人が移動する道筋のことを言います。

優先度の高い家事や生活行為の動線を短くするように工夫します。つまり使用頻度の高いモノは使う場所の近くに置くようにすると動線が短くなり作業効率が向上します。

たとえば、キッチンで調理をする時、道具や食材の置き場所がキッチンから離れていると動線が長くなって時間や労力の無駄が発生してしまいます。さらにシンクの近くにザルやボウル、コンロの近くにフライパンや油を置くなど、使う場所の近くに置き場所を決めていきます。

収納の高さもその人の身長や体の状態に合わせて、楽に取り出せる高さに使用頻度の高いモノを置くようにします。一般的に人が使いやすい高さは目線から腰の高さとされています。

▶片づけの習慣化

私達の日常はモノを〈出す・使う・戻す〉行為の繰り返しです。この中で〈戻す〉が上手くできず片づかないと感じている人が多いのではないでしょうか。

〈出す・使う〉時は、はっきりとした目的がありますが、〈戻す〉時は目的が完了した後の行為でめんどうだと感じてしまいがちです。しかし、最初の図のように〈戻す〉は次の

〈出す〉に繋がる重要な行為なのです。片づけは〈戻す〉行為の習慣化といっても過言ではありません。そのための有効な方法をいくつかあげてみましょう。

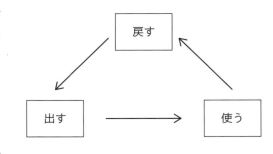

〈定位置を決める〉

　自分の家に住所があるようにモノにも置き場所（住所）を正確に決めます。戻す場所が明確になると素早く迷わず戻すことができ、散らかりにくくなります。定位置はモノを共有する全ての人が知って戻すルール守ることが必要です。定位置が守られるといつも同じ場所にモノがあるので探しモノが無くなり、時間効率の向上、ストレスの軽減などの効果が生まれます。

〈ラベリング〉

　定位置が誰にでもわかるようにラベルで表示します。文字、写真、イラストなど使う人に適したわかりやすい表記方法を選びましょう。

〈グルーピング〉

　生活習慣や仕事でいつも一緒に使う複数のモノを1つのグループとして定位置に置く方法です。同時に使うモノがまとまっていることで効率が良くなり、出す・戻すが楽にできるようになります。

＊グルーピングの例
- 身支度セット（手鏡・ヘアブラシ・ドライヤー・ヘアローション）
- 資源ゴミ分別セット（紐・ハサミ・スプレー缶ガス抜き・缶プレス機
- 冠婚葬祭セット（金封・筆ペン・新札・数珠・袱紗・ストッキング・アクセサリー）

〈清潔の保持〉

　住まいの清潔は健康な暮らしのために大切なポイントです。床やテーブルにモノが雑然と置かれていると掃除がしにくく埃がたまりやすくなります。掃除のしやすさを考えた収納を行い清潔の保持を心がけます。

3. 高齢者に適した整理の方法

　高齢者の住居の共通の課題として、比較的よく聞かれるのが「モノが多い」という悩みです。もちろん個人差はありますが、長い人生の中で大切にしてきたモノ、思い出のあるモノ、使い続けてきたモノ、また、同居していない子どもや孫のモノ、亡くなった配偶者のモノなど、本人の管理能力を超えた「モノの量」をかかえてしまっているのをしばしば見かけます。モノの少ない時代に、「着なくなったセーターは、ほどいて違うものに編みなおす」「穴の開いた靴下は繕う」など、捨てる・手放す前にもう一度役割を与える「モノを大切に暮らし」を実践してきた世代でもあります。

・消費サイクルの変化
　高齢者は、一般的にモノを長く持ち続け、消費サイクルが長いのが特徴です。
　多くのモノが容易に手に入る時代へと変わり、モノが増えるスピードに対応しきれていない、というのもモノがあふれる原因の一つです。

・身体的・精神的にエネルギーが不十分で「片づけられない」
　高齢者の中には、片づけたくても体の痛みがあったり、体力や気力が落ちて「片づけられない」人もいます。
　では、高齢者に適した整理の方法とは、どのような方法なのでしょうか。

① 「共感」と「尊重」

　「捨てられない」「手放せない」「整理したくてもできない」という本人の気持ちに「共感」して寄り添い、本人の意向を「尊重」することが大切です。
　「批判的な態度」をとったり、「自分の価値観」を押し付けたりすることのないように気をつけなければなりません。サポーターは、本人のニーズを十分理解したうえで、その人に合った整理と収納の方法を提案することが必要です。

② 「目標」を共有する

　整理を進めていくうえで「目標」を設定することが大切です。
　何のために整理収納を行うのか、という事を具体的にすることで、整理収納の作業が進めやすくなります。しかし「どんなふうになりたいか、どんな生活がしたいか」と聞くとなかなかイメージしにくい人も多いようです。現在、不便を感じている点や少し気になっている点を本人に訊ね、行動を観察してこちらからも「ここは使いにくくないですか？」など質問をしてみると、隠れていたニーズが明らかになる場合もあります。
　また、「子どもが来た時に泊まれるように」とか、「花火大会を2階から孫と一緒に見た

い。それまでに2階を片づけたい」など、イメージが具体的になればなるほど、作業が進めやすくなります。

③ 問いかけ方のポイント

高齢者の整理の場合、「使いますか・使いませんか」と尋ねると、あきらかに使わないものでも「使う」と答えることがあります。「使わない」と答えると捨てなくてはならないと思い「全部使います」と答える人もいます。

そこで問いかけの言葉を「当面使いますか」に変え、「当面使うモノ」と「そうでないモノ」との2つにわけると整理が進みやすくなります。

その後「当面使うモノ」を使いやすく収納し、「そうでないモノ」は、別の場所で「保管」します。「当面使うモノ」を選ぶのが難しい場合は「今よく使っているモノ（または「毎日使うモノ」）はどれですか？」と問いかけると、より選びやすくなります。

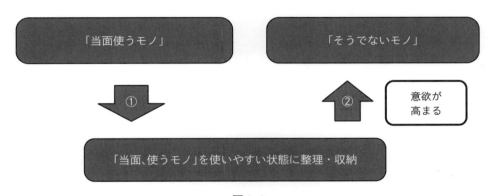

図4-4

「当面使うモノ」を使いやすい状態に、整理・収納することで使いやすさを実感できると、本人の整理に対する意欲が高まり「そうでないモノ」の整理に着手しようという意欲が生まれます。その後「不必要なモノ」を適切に処分することを開始すれば、本人の心理面に大きな負担がなく、不必要なモノを手放すことができ、整理の工程がうまく軌道にのります。

④ 「暮らしの思い出を大切にする」

今使っていなくても、その存在で心が癒される、元気が出るというモノもあります。これらにまつわるエピソードを本人が語るのを聴くのも大切です。しまいこまれていた大切なモノを、身近に置いて見られるようにすることで、心豊かに暮らすことができます。

また、本人がモノへの思いを話せたことで、心がスッキリし、整理の促進につながるケースもあります。

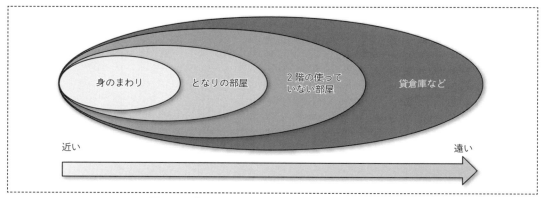

図4-5 生活スペースとモノの置き場所との距離

⑤ 「捨てる」「減らす」「見た目すっきり」は最終的なゴールではない

　高齢者の片づけにおいて「捨てること」や「減らすこと」、「見た目すっきり」は最終的なゴールではありません。「大切なモノと必要なモノを身の回りに置き、そうでないモノは身の回りから少し離れた場所で保管する」このシンプルな片づけの手法が、「自分らしい暮らし」を維持することにつながります。「自分らしく暮らす」ことは、介護が必要になったとしても、変わることのない片づけのゴールなのです。

整理のプロセス

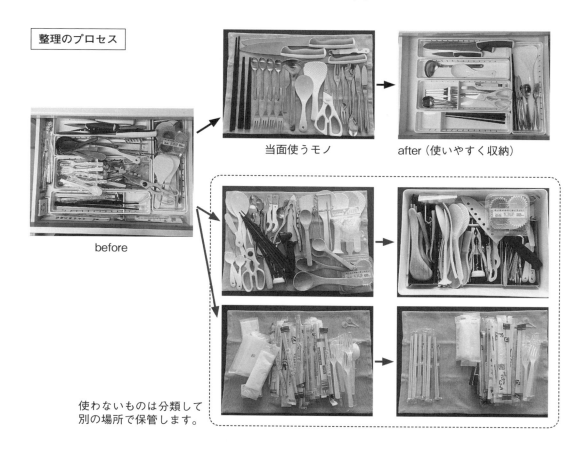

〈コラム⑶ 何一つ捨てない整理で「自分らしい前向きな暮らし」を実現〉

　Aさんは1年前に奥様をなくされ、一人暮らし。80歳の男性です。奥様の持ち物にはすべて思い出があるため何一つ手放すことができず、モノに埋もれるようにして生活しておられました。だんだんふさぎ込みがちになるAさんを心配し、娘さんからご依頼をいただきました。

　お伺いした居間・台所には、実にたくさんの日用品や奥様の衣類、子どもの思い出の品などがありました。その中で唯一、畳が見えている1帖ほどの空間に小さな机を置いてAさんは、お暮しでした。しかし「この暮らしで、私は特に困っていない。」とおっしゃいます。娘さんの希望は「(Aさんが)安全に暮らせる家に」、Aさんの希望は「あえて言うなら孫が遊びに来られる家になれば」ということでした。

　Aさんとお話をしながら、「当面使うモノ」と「そうでないモノ」に分けていきました。決して捨てることが目的ではなく、分けて暮らしやすくするためにお聞きしていると説明することでご納得いただき、一つ一つご判断いただきました。

　奥様の衣類については思い出のあるモノ数点をタンスに残し、それ以外はすべて箱に入れて別の部屋に移動、調理用具等の日用品についてもAさん一人が使う量だけを残し、箱に入れて別の部屋に移動しました（箱の中身がわかるようにラベリング必須）。

　また、子どもの思い出の品もその中から居間に置くものを厳選し、それ以外は同じく箱詰めし、移動しました。

　居間と台所は「当面使うモノ」と「大切なモノ」だけになり、必要なモノがすぐに取り出せる「空間」になりました。もちろんお孫さんが遊びに来ても居間に通すことができます。今までモノに埋もれていた台所も使えるようになり、ご自身の食べる簡単な料理くらいは作るようになりました。片づけ中にみつけた「旅行ガイド」をきっかけに「奥様との思い出の場所にもう一度旅行がしたい」と体力づくりにウォーキングを開始、いまでは仲間もでき笑顔の絶えない前向きな暮らしをしていらっしゃいます。

　居間のすぐ手の届くところに昔の「旅行ガイド」と奥様の写真を置き、タンスを開ければ数点残した奥様の衣類からその「存在」に安堵する、「自分らしい暮らし」を送っています。「分けて」「移動」しただけです。なにひとつ捨てていません。「持っている」という安心感で穏やかに暮らしていくことができるのです。

　片づけをすることで家の中だけではなく頭の中・心の中が整理され、より前向きな気持ちで生活されるようになり、どんどん元気になっていかれる方を多数拝見しています。

4. 収納の目的は「安心・安全」と前向きな気持ち

整理において「当面使うモノ」に分けたものを使いやすく置くことが「収納」です。

高齢者が自分らしい暮らしを維持していくために、「収納」という視点からどのような支援ができるのでしょうか。

何よりも優先される「安全・安心」について配慮をしながら収納をしていきます。

高齢期の生活において、「安心・安全」であることは前向きな気持ちにつながり、1日でも長い自立と暮らしの質を保つうえで大切なことです。

ポイントは大きくわけて4つあります（図4-6参照）。

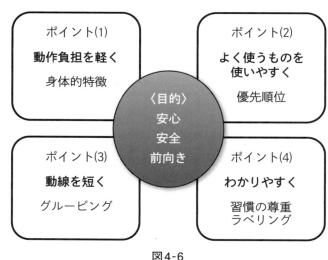

図4-6

① ポイント(1)「動作負担を軽く」

動作負担を軽くするために、高齢者のさまざまな身体的特徴に配慮した「収納」を計画・実施します。

その中で、本人の持っている能力を最大限に活かし、「自立した生活」を送ることができるように家具配置や収納を工夫します。本人にとっても家族にとっても「自立した生活」が一番望ましいことです。

② ポイント(2)「よく使うモノを使いやすく」

「整理」の際に、「当面使うモノ」に分類されたモノに、使用頻度で優先順位をつけます。例えば同じ食器でも「毎日使う茶碗や銘々皿」「時々使う煮物鉢」「あまり使わない大き目の皿」というように、使用頻度で分類されます。当然、使用頻度が高い＝毎日使うモノの優先順位が高くなります。優先順位の高いものから使いやすいところに収納していきます。「よく使うモノ」を「使いやすいところ」に収納することで「使いやすさ」を実感しやすく、本人の満足度が上がります。

③ ポイント⑶「動線を短く」

・「使うモノ」を「使う場所の近く」に収納

　「使うモノ」を「使う場所の近く」に収納することで水平動線が短くなり、身体的負担も少ないうえに、「出しやすく・しまいやすい」状況を作ることができます。家事の効率が良くなりストレスを減らす効果があります。

・「グルーピング収納」

　ある状況において、同時に使うモノを一緒に収納することを「グルーピング収納」といいます。同時に使うモノがあらかじめ一つにまとまっているのですから、あちこちに取りに行く「無駄な動線」がなく、動線を短くし、時短という意味でも大変有効な方法です。準備が楽なうえに収納も楽で、散らかりにくくなります。

　グルーピングの目的が誰にでもわかるように、**ラベリング**を忘れずにしましょう。

グルーピング収納の例

「お手紙セット」	「新聞切り抜きセット」	「お墓参りセット」	「病院セット」
・便箋、封筒 ・一筆箋 ・筆記具、のり ・切手、住所録 ・老眼鏡など	・ハサミ ・定規、のり ・拡大鏡 ・老眼鏡 ・スクラップブック ・筆記具など	・数珠・線香 ・ライター ・雑巾 ・花きりばさみ ・ゴミ袋 ・ティッシュなど	・保険証 ・診察券 ・お薬手帳 ・メモ用紙 ・筆記具 など

「入院セット」「着替えセット」など

＊「新聞切り抜きセット」などは浅い引出しなどで、そのまま移動ができると便利です。

④ ポイント⑷「わかりやすく」

　ご本人のいままでの基本的な生活習慣を尊重することが大切です。長年培ってきた「価値観・生活習慣」を続けることで、ご自身の「生活の質」を維持することができます。

　ご本人の価値観に寄り添いながら、本人が「わかりやすい」「使いやすい」と感じられるように収納します。例えば、転居する場合、身近にあった家具はできるだけ持っていく、または持っていくことができない場合にも引き出し内の配置は変えない、食器の収納場所（配置）は変えない等の配慮をします。収納場所が誰でもわかるように引き出しや扉、カゴなどに、中のモノをラベルに書いて貼っておく方法をラベリングといいます。

　ラベリングをすることでご本人も「どこに入れたか忘れてもラベリングがあれば大丈夫」という安心感を得られるとともに、ご家族にとっても、ご本人が忘れてしまった時に役に立ちます。

5. 配慮すべき収納のポイント

　「高齢者に適した収納」は、人それぞれ、オーダーメイドです。ご本人の「わかりやすさ」を優先し、定位置を決めてください。ここからは、8つのポイントを考えてみましょう。

① 転倒を防止する工夫

　加齢による筋力の衰えや、病気のため、高齢になるとつまずきやすくなる傾向があります。転倒・骨折による生活不活発病から寝たきりを予防するため動線上に危険がないか確認しましょう。

・床にモノが置かれたり落ちていないか

　床置きのモノがあると狭くなり、つまずいたり、よけて歩くときにバランスを崩して転びやすくなります。特に、廊下に床置きのするのは厳禁です。また、床に落ちた紙類はその上に乗ると滑りやすく危険です。新聞や広告を置く場所は机やカウンターの上など、床に置くことのないように、考慮しましょう。

・動線上を延長コードが横切っていないか

　生活している本人は「あたりまえ」になっていて気が付いていない場合があります。コードは壁沿いや建具の枠の周りに固定し、床を這わないようにします。

・カーペットの端がめくれたり、すべりやすくないか

　加齢とともにわずかな段差につまずきやすくなります。カーペットは一度端がめくれると癖がつき、めくれやすくなりますので要注意です。玄関マットやこたつの敷物などは滑り止めで固定し、端のめくれにくい材質を選びます。

・脱げやすいスリッパに注意

　脱げやすいスリッパは危険です。「室内履き」のようにかかとを包み込む形状で、滑り止めのついたものが安心です。

② 筋力の衰えや関節の痛みへの配慮

　水平方向・垂直方向ともに、重たいものの移動が負担となってきます。踏み台に乗って取る高さには、極力収納しないようにします。腰や膝に負担の掛かる低い位置の収納や、肩関節に負担が掛かる高い位置の収納は、人によっては痛みを伴う等使いにくい場合があるので注意が必要です。

・水平動線は短く、垂直動線はご本人にあわせて

　「使いやすい高さ（目線以下・腰骨以上）」は、身長や関節可動域・姿勢によりそれぞれ違ってきます。必ず本人と実際に動作を確認しながら収納場所を決めていきます。

　基本的に使う場所の近くに収納しますが、どこが使いやすいかを本人に確認しながら、水平動線を短く、垂直動線（収納の高さ）に留意して収納します。

(1)手が届かない高さ
　・台に乗って取る：×

(2)目線より上
　・手を上にあげる動作は？　　　　　　　　　　　　　中頻度・軽いモノ

(3)目線〜膝上
　・動作が一番楽　　　　　　　　　　　　　　　　　　高頻度

(4)膝〜床
　・かがむ姿勢は？　　　　　　　　　　　　　　　　　低頻度・重いモノ

図4-7　目線以下・腰骨以上

③ 視覚の変化への配慮

・見え方の変化

　本人がどんな色が見えてどんな色が見えにくいのか等確認する必要があります。文字の大きさについてもどの程度の大きさなら見えるのか、また照明の明るさや色についても確認をすることが必要です。

・ラベリングの際の注意点

　文字を大きくするだけでなく、背景と文字の色について配慮する必要があります。場所によっては「黒字に白抜き文字」のほうが認識されやすい場合もあります。

図4-8　ラベルと文字の色のコントラスト（例）

・**明るさも大切**

　暗い場所での判別は難しくなりますので、窓からの採光を確認し、収納内（納戸など）に照明を新設する、または電球を交換するだけでも格段見えやすくなります。

　急に明るくなると目が慣れるまで見えにくいことがあります。徐々に明るくなる照明器具を利用するのもよい方法です。

④ 記憶力への配慮

・**動線上に「定位置」を決める**

　「どこに置いたかわからなくなる」ことが増えてきます。出かける時にもって出る「鍵」は玄関に定位置を設ける、といったように、動線の近くに「定位置」を決めて収納します。

・**「オープン収納」にする**

　扉がなく直接中が見える棚に入れる、机の上にトレーに入れて置く、など一目で見える収納を「オープン収納」と言います。これに対して扉付きの棚、引出しに入れる収納を「クローズ収納」と言います。オープン収納は埃が入りやすい、丸見えで雑然とするなどのデメリットもあり好みは人それぞれですが、わかりやすく安心感があることから、「見えない場所に収納すると忘れてしまう」という高齢者に適しています。

・**見えない場所は「ラベリング」**

　引き出しなど、中身が見えない収納については「ラベリング」をすることで探し物を減らすことができます。ただし、その文言についてはご本人に確認し、ご本人が「わかる」言葉で表記するようにします。ラベリングは字の大きさとコントラストに注意が必要です。

・**「なんとなく中身がわかる」収納用品**

　「半透明」のプラスチック引出しは何となく中身がわかりながら、見えすぎないという利点があります。食品を入れるタッパーなども透明な容器にすると食べ忘れを防ぎ、「なんとなく中身がわかる」ことで探しモノを減らす効果があります。

⑤ 排泄に関することへの配慮

　自尊心・自立心に大きく影響するため、できる限り本人が自分でできるように工夫する

ことが大切です。

・トイレに行く動線を安全に

加齢に伴い排尿回数が増加、トイレの使用頻度が増えます。その際は気持ちが焦っていることが多く、動線を安全にすることが重要です。「①転倒を防止する工夫」も参照してください。

・「使う場所」の近くに「使うもの」を

紙おむつや着替えなどは「使う場所」の近くに収納することで、本人が自分で使うことができます。例えば着替えを1セット、トイレの中にも置くことで、失禁をしたときに介護者の手を煩わせることなく、自分で着替えることができます。同じく着替えを枕元に置くことで夜中の失敗にも自分で対処することができ、本人の自尊心を傷つけることや家族介護者の負担も減らすことができます。

（失禁時には洗浄・清拭をし、清潔に保つことが大切です。本人にきちんと説明をすることも忘れないようにします。）

・「汚れもの」の洗濯への配慮

高齢者が高齢者を介護する「老老介護」が増加しています。「汚れもの」の洗濯による介護者の身体的負担を軽くする配慮が必要です。洗濯の方法や場所を確認し、負担のかからない方法・高さなどを提案、さらに介護者が高齢化した際の対処方法等についても予測して考えておくことで、長く自立した生活を続けることができます。

・「使用済みおむつ」の処理についての提案

「使用済みおむつ」は重いため、高齢の家族介護者にとって身体的負担がたいへん大きいものです。大きな袋にまとめてしまうと重くて運べないので、小分けにしておくなどの提案も必要です。

⑥ ふらつきへの配慮

ふらついたときに安全に体を支えることができること、また、転んでしまったときに安全であることが大切です。そのために家具のレイアウトは大変重要です。

・「つかまる」ことを意識する

「安定した家具」を「適度に」配置することで、杖代わりになり室内を自由に移動することが可能になります。本人が自分の力で移動できることは、自立支援につながります。しかし、「キャスター付家具」や「軽い家具」は、つかまった時に家具ごと転倒する恐れがありますので危険です。使用する場合は、ストッパーをかけたり、動線から遠ざける等の配慮が必要です。

・家具は角がとがっていない物を選ぶ

万が一転倒した場合を考えて、「角がある家具」は避け、角が丸くなった家具を採用す

るのがおすすめです。現在ある家具を使う場合は、家具の角にコーナーガードをつける・分厚い毛布等を家具に掛けるなど、頭や腰を打ってもダメージが少ないように工夫をするのも一つの方法です。

⑦ 高齢者にやさしい収納用品の選び方

・「オープン収納」と「クローズ収納」

　扉がないオープン収納、引出しや扉で中が見えないクローズ収納があります。

　「オープン収納」はモノをすぐに取り出せること、見てすぐわかることなどが特徴です。一方で埃が入りやすく、雑然とした見え方になることもあります。それぞれの長所短所を理解して、収納するモノ、場所、好み、使う人の心身の状態などを考慮しながら収納用品を選びます。

クローズ収納（左扉）とオープン収納（右棚）

オープン収納（カウンター）と
クローズ収納（引き出し）

・引き出しは「軽く使えるもの」「一目で見渡せるもの」を

　少し古い家具には、引き出しが大きく重たいものがあります。開閉が負担になると、高齢者の普段使いの物の収納には適しません。

　また、軽く扱いやすいプラ引出しや、引き出しの両脇にレールが付いていて簡単に開け閉めできるものに変えるのも一つの方法です。

　また、深い引出しは中身が重なりがちです。理由があって深いものを購入する以外は少し浅めで、中身が一目で見渡せるものにしましょう。

・「把手」や「引き手」の形状

　握力の低下や指先に力が入りにくくなるため、把手は使いやすいものを選びましょう。

　「引き手」や「つまみ」より、指の入りやすい「レール」や「ハンドル」のほうが使いやすく、ストレスがありません。

使いやすいハンドル

使いにくいつまみ

使いにくい引き手

⑧ 免疫力の低下に配慮

　加齢により、免疫となるリンパ球が減少し、さらに免疫の応答速度が遅くなることから感染症のリスクが高くなります。したがって感染の原因ともなりうる「ほこり」や「フケ」等をためないように、清潔に保つ必要があります。

　段ボールは湿気を吸いやすく虫が入りやすいので、できるだけ使わないようにしましょう。また、「掃除のしやすさ」にも注意をしましょう。

高齢者の収納チェックシート

① 視覚
- □ 見やすい色
- □ 適切な明るさ（採光・照明）
- □ ラベルの文字は見やすい大きさ
- □ ラベルの紙と文字色のコントラスト
- □ 好きな色・柄・色合わせ

② ふらつき
- □ 椅子やテーブルの安全性
- □ つかまる家具の置き方（動線上の家具）
- □ キャスター付家具・軽い家具の位置
- □ 突っ張り家具・棚の位置
- □ 角が尖っている家具のケガ防止

③ 筋力の衰えや関節への負担
- □ 水平動線を短く（よく使うモノ）
- □ 垂直動線が本人の状態に合っている
- □ 出し入れのアクション数を少なく
- □ 痛みや不自由をともなう動作の確認
  - ・かがむ動作
  - ・腕を上げる動作
  - ・立ち上がり動作
- □ 無理のない施設への工夫（腰痛予防）

④ 排泄
- □ トイレまでの動線を短く安全に
- □ 使う場所に使うモノ（紙おむつ・着替え）
- □ 汚れものの洗濯場所の整備
- □ 使用済みおむつ　捨てる場所　置き場所

⑤ 転倒
- □ 動線上を延長コードが横切っていない
- □ カーペット・マットはすべり止めで固定し、端がめくれていない
- □ ベッド（布団）周辺にモノを床置きしていない
- □ 玄関・廊下などに床置きのモノはない
- □ 床置きされた新聞や広告はない
- □ 手すりをモノ掛けにしていない
- □ 見えにくい小さな段差への対策（蓄光テープ、カラーテープの活用）
- □ 高い場所によく使うモノを置いていない

⑦ 記憶力
- □ 探しモノになりやすいモノはわかりやすく目立つ定位置を決める
- □ 使う場所の近くに定位置
- □ 本人の言葉でラベリング
- □ 中身が見える収納
- □ 半透明の引出し
- □ 出し並べ（よく使うモノ）

⑧ 免疫力の低下
- □ 掃除のしやすさ
- □ 収納用品の衛生面の性能（ダニ、ほこり、湿気等の侵入を防ぐ）

6. 認知症高齢者の整理と収納

　「認知症」と一口に言っても、症状は様々で、進行状態も人それぞれです。そして何よりも、認知症のない高齢者同様、長い人生の中で培われてきた習慣と個性をもったひとりの人です。その方の状態をよく観察し、コミュニケーションを取り、本人をよく知る人や医療関係者からも話を聞いたうえで、その方に一番ふさわしいやりかたで整理収納を行うのが、ベストな方法といえます。
　整理収納を行う時に知っておきたいことは次のようなことです。

① 理解力や判断力の低下への対応

(1) 危険なもの（刃物・薬品類・火気など）の適切な扱い方がわからないことがあります。危険を回避するために、本人の理解力に応じた置き場所を考えましょう。

(2) 新しい環境への適応も困難になります。慣れている環境でできていたことが、なじみのない環境ではできなくなってしまいます。従って、見える景色は整理収納前と大きく変化させず、安心して過ごしてもらえるようにします。見た目よりも、本人の居心地の良さを目指します。

(3) 「要るもの」・「要らないもの」という判断ができなくなり、整理が困難になります。周囲の勧めで、「要らない」と手放した場合でも、手放したことを忘れてしまい、それがあるべき場所にないことで、「誰かが盗んだ」という物盗られ妄想が生じることもあります。
　要るか、要らないかは、本人との何気ない会話や本人の生活動作を観察する中で時間をかけて探り、「これ、大事ですよね」「これはずっと残しておきたいですね」などと質問して確認していきます。

② 記憶力の低下への対応

(1) ものを置くべき場所がわからなくなったり、置いていた場所を思い出せなくなったりします。
　本人の日常よく使うものは、目に見えて、手の届く場所に置くようにします。整然と片付いた状態でなくとも、本人の探しやすさ、使いやすさを優先します。

(2) 軽度認知障害や、認知症の初期の方の場合は、ラベリングが効果的です。
　ラベルを、文字にするのか、写真やイラストにするかのといったことや、文字で表示するならばどんな言葉を用いるかは、本人に尋ねて本人のわかりやすいものにします。

③ 実行機能障害への対応

片づけの手順がわからないために、本人は片づけるつもりでも、ものがどんどん机や床に並べられ、収拾のつかない状態になっていることがあります。本人に片づけたい気持ちがあっての結果ですので、やり方をひとつずつ、本人のわかる言葉で説明しながら、ゆっくりと、一緒に行うことで片づけができます。作業中は、作業が完了したところに「片づけ済」などの表示をしておくと、スムーズに進みます。

④ 収集癖への対応

特定のもの（紙袋・紐・食品トレーなど様々）を大量に収集し、家族が捨てようとしても捨てさせない、収集したものが動線上に積み上げられ、ほこりをかぶっている、といった光景もよくみられます。収集には、必ず理由があります。本人の話を聞き、生活歴を把握することで、理由がわかってきます。

量を減らす必要のある時は、本人の機嫌を見ながら、「使いたいから少しわけて下さい。」と親しい人からお願いしてみる方法もあります。

信頼できる人と一緒に仕事をすることは、認知症の有無にかかわらず楽しいことです。

整理収納は、家族や親しい友人とともに、本人もできるだけ参加して、穏やかで楽しい雰囲気の中で行えるよう計画します。本人の気分や疲労に注意をはらいながら、参加している全員がゆったりした気分で作業ができるように配慮しましょう。

〈コラム(4) 認知症高齢者の整理と収納の事例〉

　Aさん（86歳・男性）は、アルツハイマー病と診断されて7年経ちました。心臓と腎臓の病気がありますが、家で奥様とテレビをみたり、週1回デイサービスに通ったりして、穏やかに過ごしておられます。

　若いころからおしゃれだったAさんは、「いつもパリッとしていたい」が口癖です。

　以前は、早朝から居室にある服を全部引っ張り出して、床に広げ、それでもしっくりくる服を見つけ出せなかったようで、茫然と立っておられることがよくあったそうです。物音で起きた奥様と口論になり、奥様は服を元に戻すのに大変疲れたとのことでした。

　Aさんの整理収納をサポートさせていただいた時には、Aさんがどのようにして服を選ぼうとされているか動作をよく観察させていただきました。

　すると、パイプハンガーにかかっているたくさんの服から、季節にあったものを選ぶのが難しいことがわかってきました。

　そこで、居室に置かれている箪笥やパイプハンガーの位置はそのままにして、パイプハンガーには、季節に適した服を各3種類のみ掛け、適切な服がよく見えるようにしました。肌着も各3枚をかごに入れて、Aさんの目につきやすい棚の上に置きました。

　10年以上袖を通しておられない服は、奥様が廃品回収に出され、残される服は、Aさんと奥様で昔話をしながら、季節ごとに分類してAさんの使われない部屋に衣装ケースに入れて置かれました。

　その結果、Aさんは、毎朝、奥様と一緒にパイプハンガーの3種類からその日着る服を選んで、奥様の介助で着ておられます。選択肢が少ないことで、探すこと・選ぶことの難しさがなくなり、安心されているようです。

　日によっては、「今日はこれがいい」とAさんご自身で服を選ばれることもあり、奥様は、「おとうさん、パリッとしてるね」と鏡の中のAさんに声をかけられているそうです。

5 ウェルネス志向のポジティブ心理学

① 毎日を幸せに過ごすコツ（ウェルネス指向の紹介）

　高齢者が生活を送る姿に、あなたは最初に何を思い浮かべるでしょうか。恐らく大半の人が、老いという言葉のもつネガティブなイメージを通して、高齢者が生活する上で抱えているさまざまな支障や問題点を思い浮かべるでしょう。これは、高齢者をとらえる視点として、老いという言葉の中にあるネガティブな要素をイメージフィルターに用いて、高齢者の生活する姿を常に解釈しているからです。ちょっと視点を変えてみましょう。

　まず、抱える問題は誰もが解決しなければならないのだという視点ではなく、現状へのあるがままの姿勢を意識できることです。しかし、あるがままの姿勢であろうと、ネガティブな面を積極的に受け入れることは、実際は容易ではありません。そこで発想の転換です。抱える問題点を見つけ、解決するといった従来の方向（問題解決指向）から、少しでも良い所を見つけ、伸ばすといった方向（ウェルネス指向）への発想転換です。

② ウェルネス指向の基本的視点

　同じ状況でも視点が異なると認識は大きく異なります。例えば、大好きな飲み物がコップに4分の1ほど入っている状況に対して、「あー、あと4分の1しか残っていないのか」ととらえるか、「よし、まだ4分の1は残っているぞ」ととらえるか、ここには客観的な評価よりむしろ主観的解釈のほうが大きい。この主観的解釈にウェルネス指向が関与しています。自分のおかれた状況に良い所を見つけていくのがウェルネス指向です。

　病気や問題を抱えた状況における、自分あるいは他者のとらえ方を見てみましょう。図5-1を見てください。右側の視点は、病気や問題を抱えた人に対して病人とか問題のある人という全体評価です。これは、障害を持つ障害者、疾患を持つ病人、試験に落ちた落第者など、個人の持つ「問題な」点でフィルターをかけ、そこから全体評価をする視点です。一方、左側の視点は、人が病気や問題を抱えていても他の側面に目を向け、特に強みや才能を見いだす方向性です。

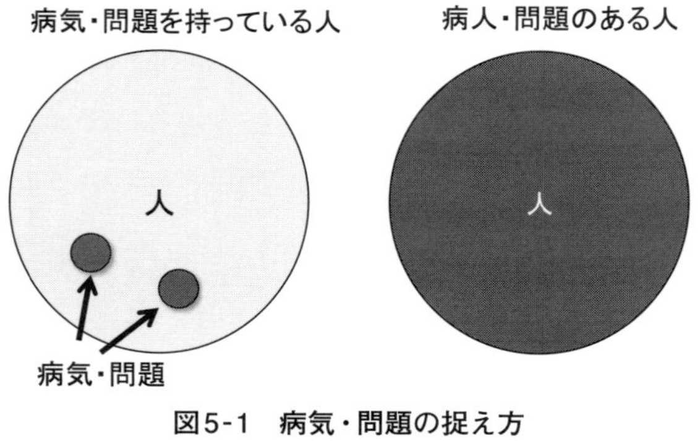

図5-1　病気・問題の捉え方

図5-2にあるように、右側の視点では、個人の特性として強みや才能を持っていても問題のある人という全体評価をすると、強みや才能に気づきにくい。特に、常にこうした視点で自己評価していると、病気や問題点にこだわり、「自分はだめな人間だ」といった自己否定からうつ状態にはまります。左側の視点に気

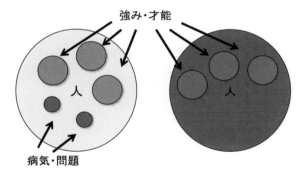

図5-2　病気・問題の捉え方

づくと、自己の持つ強みや才能を磨くことが重視され、成長していくことにも気づくようになります。こうした過程の中で、抱えていた病気や問題点が自分の人生にとって相対的に小さくなり、解決の優先順位も低くなっていくのです。

③　木を見て森を見ずになるな！

　原因の究明と解決、早期発見、難治症例の克服が、医療者の最大の目標であることは、誰もが認めることでしょう。しかし、いつもこうした視点で物事をとらえていると、病気は見えても、「人」としての全体像が見えなくなってきます。病気ばかり治療していて、人の治療にはなっていないということも起こります。

　病気といった要素をとらえる視点（木を見る）は、人といった全体をとらえる視点（森を見る）と相対的なものです。これはネガティブ指向とウェルネス指向でも同様です。ここには、バランスが重要であり、ポジティブ心理学からも1：3の黄金比が人生の成功に必要であることが実証されています。

　一見すると、病気や問題のある人（例：認知症や発達障害、うつ病など）でも、彼らの抱えているのは病気や問題のみではないことが自然に見えてきます。強みや才能といった、病気や問題の陰に隠れて、他者や本人がまだ気づいていない特性も多くあります。こうした強みや才能に自らが気づき、磨きをかけることから、成長が可能となります。

　こうした自らの強みや才能に気づかせ、磨きをかける場が、まさに毎日の日常生活の時間と空間、対人関係です。人が自分の才能を伸ばし、強みに磨きをかけている時は、自分の問題点・欠点の修正に時間をかけていることに比して、明らかに楽しく、やりがいを感じる。これこそが一生懸命になれることであり、生きる楽しさへの目覚めです。生きる楽しさを実感できることから人生目標へのモチベーションが高められるのです。そして、好奇心を高め、元気を出し、毎日楽しく過ごすことへとつながります。コミュニケーションの中で他者との協調性や絆を築くことにもつながります。こうした方向性から、自己特性（強み等）をつかみ、チャレンジ精神を磨き、生きる夢を膨らませることになるのです。

それでは実際に、毎日の日常生活の中でどのようにウェルネス指向を目覚めさせるか？ ウェルネス指向を伸ばすためのメカニズムを図5-3に示します。

何かをきっかけに気分が良くなると、「よし、だったらやってみるか」というモチベーションを高めます。それによって気分良く行動に移ることになります。行動すると必ずその結果が生まれ、その結果を振り返り、「よし、やれた」という達成感が得られます。達成感の向上からますます気分が良くなり、次のモチベーションに至るのです。

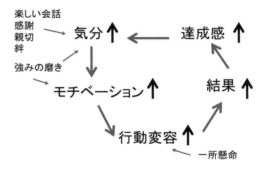

図5-3 気分・意欲の向上メカニズム

では、どのようなきっかけからこのメカニズムに入るのか？ そのきっかけは身近な日常生活における時間と空間、対人関係の中にあります。図5-3に示すように、楽しい会話をすることや自分の強みに気づくこと、感謝をし、親切をする、絆を拡大することなどで気分やモチベーションを高めます。また、一所懸命に行動することからも可能です。

こうしたウェルネス指向を伸ばすための実践プログラムを紹介します。

④ ウェルネス指向の実践プログラム（ポジティブ心理学入門書より）

(1) ウェルネス指向を知ろう
(2) 楽しい会話で自然に笑顔になろう
(3) 自分の強みに気づき、伸ばそう（自己再発見）
(4) 一生懸命夢中になれる行動に気づき、実行しよう
(5) 感謝ワーク
(6) 他者への無欲な親切
(7) 目標と価値観の明確化
(8) 自己評価と自己肯定（自分を好きになること）
(9) 人との絆からコミュニケーション（社会的ネットワーク）の拡大

このウェルネス指向の実践プログラムの詳細は、ポジティブ心理学入門書『幸せはあなたのまわりにある ポジティブ思考のための実践ガイドブック』(須賀英道、金剛出版) にわかりやすく解説されています。日常生活での中で誰もが毎日体験していることから活用できるようになっています。ぜひ、お読みください。きっと、目の前が一気に開けてくるでしょう。

ここでは、実践プログラムの一部をご紹介しますので参考にして下さい。

日常生活の中で毎日必ず体験していることから、ごく自然にウェルネス指向に流れていける手法の1つです。

＊楽しい会話で自然に笑顔になろう

会話をしているうちに気分が上がってきて、自然に笑顔が出てくるのは、実はそんなに難しくはありません。次のような手順で必ず笑顔に満ちた会話になってきます。

(1) 会話は2人で始める
(2) キャッチボールをしよう

あなたが相手と2人で会話をしていることを想定してください。お互いに会話を気分よく、長く続けるにはどうしたらいいでしょうか？

会話をキャッチボールのようにイメージするととてもわかりやすいです。つまり、相手に投げるボールは相手の取りやすい所に投げ、相手もこちらに取りやすいボールを投げる、このパターンを続けることです。相手の取りやすい所とは、相手の興味を持つ話題です。そして、相手もあなたの興味ある話題を返すことで会話となります。では、相互に興味ある話題を続けていくにはどうしたらいいでしょうか？

(3) お互いの共通点を見つけ、会話のテーマにする

お互いの共通点にほかなりません。お互いの共通点を模索しつつ会話を広げて行くのです。ここで、相手の興味ない話題を話しだしたらどうなるでしょうか。キャッチボールでは相手の取れない方向にボールを投げているようなもので、最初のうちはボールを取りに動いてくれていても、そのうち疲れてやめることになります。

同様に、一方的に自分の話したいことを続けるとどうなるか。ボールを連続して相手に投げつけるようなもので、キャッチボール終了となるでしょう。お互いに会話を気分よく、長く続けるには、こうしてキャッチボールを意識しながら行うことがコツなのです。

それでは会話においてお互いの共通点を見つけ、広げていくとどうなるでしょうか？

お互いの共通点を知って得られるものは、連帯感、親近感です。互いに興味もつものへの共感から生まれます。さらにより深く共通点の擦り合わせを行い、自分に足りない部分を補ったり、次のステップのヒントにするようになります。そして、単に知識の充足だけでなく、「一緒にやろうか」という共同モチベーションから次の行動にもつながるのです。

(4) ポジティブな言葉を使おう

ある状況にいて、「うーん、しんどいなあ。大変だな。困ったもんだ。これは難しいなあ」という言葉が出てくるか、「うん、ナイスだ。面白そうだ。よし、やれるぞ」という言葉

が出るかは、どちらの言葉を使い慣れているからでしょう。なかなか使わない言葉は、すっと出てきません。ポジティブな言葉を使い慣れてくると、会話の中でどんどん出てくるようになります。相槌を打つ時に、「それはいいねー」「素晴らしいね」「素敵だわ」と返すことができ、相手からの提案にも、「そうね、やってみるわ」「了解です」と肯定することができます。

(5) 肯定しよう

　普段の会話で、相手に言われことに対していつも、「いやー」「でもー」と否定していては、気分は上がりません。気分を上げていくには、「それはいいですね」とまず相手を肯定することから入ることです。

　例えば、「このあと、お茶でも一緒にどうですか」と、提案します。相手は、「それはいいですね。ちょっとお腹も空いたし、一緒に食事でもどうですか」あなたは、「食事ですか、いいですね。だったら、AさんやBさんも誘ってみましょうか。みんなで行きましょう」となります。

　最初に否定すると、「みんなで行こう」までの会話の展開とはなりません。会話の展開を膨らませるには、相互に肯定の相槌を入れることなのです。

(6) 将来の可能性についての話題にしよう

　普段の会話で、現在抱えている問題ばかり話していては気分が上がりません。誰かに自分の抱える問題を話したくなることもありますが、いつも会話にこうした問題の吐き出し口を求めていては、気分は向上しません。興味・関心が共通していることで、今後できそうなことを話題にし、お互いに自分たちの考えを述べ、希望を高めるのです。こうした将来の可能性について双方が会話を進めていると気分は向上し、会話の視野も広くなっていきます。

(7) 自然な笑顔とジェスチャーでコミュニケーションをしよう

　(1)から(6)までの簡単な手法を意識しながら会話を進めていると、言葉のやり取りだけでなく、ジェスチャーや言葉の抑揚も加わり、会話に弾みが出て、自然に表情が笑顔になっていきます。例えば、休日に家族や友人と楽しく過ごすことを話題にして、会話相手と話してみましょう。きっと、普段は気づかなかった笑顔が見られるでしょう。

(8) 相手の良い点に気づき、相手をほめよう

　お互いに笑顔で話し出せたら成功です。次は、会話相手の持つ良い点に気づいて、そこを「ほめる」ことです。ほめられると相手の気分は向上し、何とかお返しをしようとして

きます。そして、自分の中に相手が良いと気づいた点をほめ返してくれるのです。図5-4に示すように、相互に良い点をほめ合うと、照れくさくはあっても、楽しくなるでしょう。

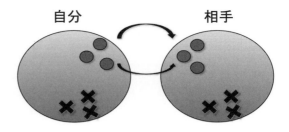

図5-4　相手のいいところに気づく会話

こうして、相手の良い点に気づくという視点でみていると、相手が結構自分の良い点を指摘してくれていることにも気づくようになります。自分の良い点とは強みです。例えば、気さくさとか、優しさ、我慢強さ、思いやり、親切心、好奇心、家族愛など、限りないほどの言葉がありますが、客観的な指標で計れるものではありません。主観的に自らが言葉で意識することで自覚できるのが自分の強みなのです。

＊自分の強みに気づき、伸ばそう（自己再発見）

自分の強みに気づくことはとても重要で、その強みを活かして実行してみることです。強みを活かして実行すること、つまり、強みを伸ばす行動は、苦手なことを克服する行動とは異なり、気分良く行動に打ち込むことができ、その成果もでやすい。その成果を実感できれば自信につながります。

自己の強みの気づきは、会話の中で相手の良い点に気づくような習慣化が備われば、自分の振り返りによっても気づけるようになります。特に、振り返りの中で、最近あったことの中から楽しかったことを想起することです。そして、自分の強みがどのように関わり、どのように楽しかったかを想起することで、強みが活かされたことが認識されるのです。

そして、気づいた強みをノート（自己発見のための強みノート）に書き出すのも重要です。強みとは、加齢によって衰えを示す才能とは異なり、気づくことによって蓄積していくことができます。自分の強みを蓄積していくことで、年をとるごとに自分が成長していくことが実感できるのです。

このように、身近な会話の手法で気分良く日常生活を過ごし、自分の強みに気づき伸ばしていくことは、いつからでも気軽にできるのです。

6 整理収納支援のための基礎知識

1. 地域包括ケアシステムとの連携

　高齢者の整理収納サポーターとして私たちが活動するために、なぜ地域との連携が必要なのでしょう。

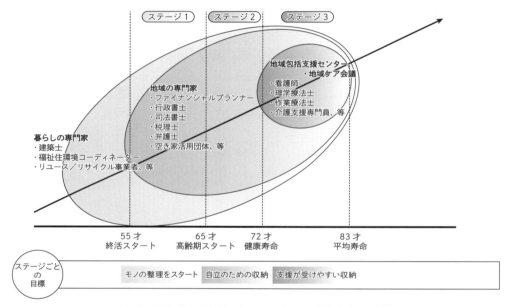

図6-1　高齢者の整理収納サポーターに期待される連携先

　私たち暮らしデザイン研究所では、高齢期の整理収納を３つのステージに分けて提案しています。
ステージ１…モノの整理を進めて欲しい、心身共に元気な時期。
ステージ２…心身の衰えに対して、収納のテクニックを用いた自立支援を必要とする時期。
ステージ３…認知機能にも衰えがみられ、家庭に支援者が入ることを見据えた収納が求められる時期。

　高齢者のみの世帯が半数を超える現在では、ステージ２に至ると家庭だけでの解決は困難となります。「宅配便の箱が開けられずそのままになる」「ゴミを収集場所まで持って行けない」といった様子からは、一家庭だけでは解決が難しい、地域ぐるみでのサポートの必要性が見えてきます。

こうした背景から、高齢者の支援においては、心身の変化に配慮した整理収納だけでなく、社会保障制度を含めた地域社会との連携の知識も有して対応することが必要です。具体的な連携先として挙げられるのは、高齢期に差し掛かる50代では、住宅改修や整理したモノの廃棄など、暮らしに関わる専門家です。そして前期高齢者の世代では遺産相続の管理のような終活に関わる行政書士、健康寿命の平均値を超える後期高齢者の世代では、日々の生活を支える医療・介護事業者が中心となります。

　そのためにも、高齢者を支える地域の事業者や、社会保障制度を担う行政や事業者とのネットワークである「地域包括ケアシステム」について知ることが大切です。

　平成26年6月25日、持続可能な社会保障制度の確立を図るための改革の推進に関する法律に基づく措置として、介護保険制度の改正が行われました。効率的かつ質の高い医療提供体制と、<u>地域包括ケアシステム</u>を構築することを通じ、地域における医療及び介護の総合的な確保を推進することが目的です。

① 地域包括ケアシステムとは

　団塊の世代が75歳以上となる2025年へ向けて、高齢者が尊厳を保ちながら、住み慣れた地域で自立した生活をおくることができるよう、国は、医療、介護、予防、住まい及び生活支援サービスが、日常生活の場で切れ目なく提供できる地域での体制（地域包括ケアシステム）づくりを推進しています。

　これを実現するためには、(1)高齢者個人に対する支援の充実と、(2)それを支える社会基盤の整備とを同時にすすめる必要があります。

　今後認知症高齢者の増加が見込まれることから、認知症高齢者の地域での生活を支えるためにも地域包括ケアシステムの構築の実現に向け、さらに必要となる介護サービスなどの社会資源を確保することが急務となってきます。この地域包括ケアシステムは、自宅より30分圏内（中学校区）の範囲でサービスが提供されることを目指しています。

　しかし、高齢化の進展状況は大きな地域差があります。地域包括ケアシステムは、保険者である市町村や都道府県が、地域の自主性や主体性に基づき、地域の特性に応じて作り上げていくことが必要です。

② 地域包括ケアシステム実現に必要な要素

自助…セルフケア、高齢者や家族が必要なサービスを選択して生活。
互助…地域で支えあい。
共助…介護保険・医療保険などを自ら支払う。（社会全体で支えている。）
公助…保険制度の公費（税金）で実施。
（共助、公助は一緒に考えられている場合もある）

③ 地域包括ケアシステムの捉え方

地域包括ケアシステムは、住まい・医療・介護・予防・生活支援の5つの要素から構成されています。これらの要素が互いに連携しながらそれぞれの役割を担っています。

高齢者のプライバシーと尊厳が十分に守られた「住まい」が提供され、その住まいにおいて安定した日常生活を送るための「生活支援・福祉サービス」があることが基本的な要素となります。そのような土壌があればこそ、専門職による「医療・看護」「介護・リハビリテーション」「保健・予防」が効果的な役目を果たすと考えられます。高齢者の整理収納サポーターは、この「生活支援」を担います。

④ 地域包括支援センターについて

地域包括ケアの中心的役割を果たすのが、地域包括支援センターです。地域包括ケアシステムを構築し、かつ有効に機能させるために、保健師、社会福祉士、主任介護支援専門員等がその専門知識や技能を互いに活かしながらチームで業務を実施します。

業務は、介護予防に対するマネジメントをはじめとする高齢者への総合的な支援の実施。地域の利用者やサービス事業者、関係団体、民生委員、ボランティアやNPOなどインフォーマルサービス関係者、一般住民などによって構成される人的なネットワーク（地域包括支援ネットワーク）の構築などがあり、高齢者にとって身近な相談窓口としての役割を果たすことを目的としています。サポーターは必要に応じて、高齢者と支援センターのパイプ役となれるよう、日頃からのネットワークづくりを心がけましょう。

⑤ 生活支援サービスの充実と高齢者の社会参加

今後、認知症高齢者や単身高齢世帯等の増加に伴い、医療や介護サービス以外にも、在宅生活を継続するための日常的な生活支援（配食・見守り等）を必要とする方の増加が見込まれます。行政サービスのみならず、NPO、ボランティア、民間企業等の多様な事業主体による重層的な支援体制を構築することと同時に、高齢者の社会参加をより一層推進することを通じて、元気な高齢者が生活支援の担い手として活躍するなど、高齢者が社会的役割をもつことで、生きがいや介護予防にもつなげる取り組みが重要です。

このような状況を踏まえ、私たちサポーターは高齢者の整理収納を促進することを目指し、この生活支援の一環を担う必要があると考えます。

そのため、サポーターがただ単に高齢者の家の整理収納をするだけでなく、高齢者の生活を支えるチームの一員となるためにも地域のネットワークとの連携を図ることが必要です。

2. 高齢者とのコミュニケーションのとり方

① コミュニケーション

「コミュニケーション」は一方的な情報の伝達だけではなく、人と人との間で意思の疎通がおこなわれ、互いに理解し合って初めてコミュニケーションが成立するものです。

コミュニケーションの手段は、文字を使った言語コミュニケーションと、身振りや表情といった非言語コミュニケーションに分けられます。米国テキサス大学のコミュニケーションの研究で名高いマーク・ナップ名誉教授は、非言語コミュニケーションを以下の7種類に分類しています（マーク・L.ナップ『人間関係における非言語情報伝達』牧野成一・泰子共訳、東海大学出版会、1979年）。

(1)「身体動作」：身振り、姿勢、表情、視線、瞬目、瞳孔反応など、体の動き
(2)「身体特徴」：スタイル、頭髪、皮膚の色、体臭、容貌など
(3)「接触行動」：自分や他人の体に触れる行動、スキンシップなど
(4)「近言語」：発話に伴う形式特徴、音声の音響学的特徴、泣き・笑い、間投詞など
(5)「プロクセミックス」：空間の認知、対人距離、パーソナルスペース、なわばりなど
(6)「人工物の使用」：化粧、洋服、装飾品など
(7)「環境」：建築様式、インテリア、照明、標識、温度など

コミュニケーションを成立させるためには、このような多くの非言語コミュニケーションと言語コミュニケーション両方を連携させるのがポイントです。

② 傾聴

高齢者とコミュニケーションをとる時、ヒヤリングをおこなう時、特に心していただきたいことは「傾聴」という姿勢で相手に接するということです。「傾聴」とは、相手の話をただ聞くのでなく、丁寧に耳を傾け、話をそのまま受け止めながら聴くことです。広辞苑には「耳を傾けてきくこと。熱心にきくこと」と記載されています。相手が話したいことを受容的、共感的な態度で真摯に耳を傾け聴くことです。うなずきとあいづち、気持ちを汲み取る共感の言葉、オウム返しも効果的です。聴く人の表情、応答の声を調子も大切です。傾聴の目的は、相手をより良く理解すること、相手とより良い関係を築くこと、相手に不安感や不信感等をあたえず、気持ちを楽にしてもらうことです。それによって、相手とサポーターとのより良い関係が構築され、サポーターとしての役割を遂行できるようになります。

③ 高齢者とのコミュニケーション

　具体的に高齢者とのコミュニケーションやヒヤリングでは、先に学んだ高齢者の身体的特性・心理的特性に配慮し、次のことに注意して進めるとよいでしょう。
　(1)傾聴の姿勢で接する。(2)人生の先輩としてプライドを大切にする。(3)プライバシーへの気配りを怠らないようにする。(4)会話が聞き取りやすい、顔の表情が判りやすいように環境（明かりや座る位置等）に配慮する。(5)目の高さを合わせる。サポーターが見下す高さでは威圧感が出てしまうので注意する。(6)相手のペースに合わせる。(7)わかりやすい言葉、低めの声でゆっくり話す。かん高い声は嫌がられることが多いので注意する。流行語・若者言葉・略語は、日常使われないので理解しにくい。(8)非言語コミュニケーション、身振り手振りなどで視覚的な工夫も心掛ける。(9)受容と共感の姿勢として「あいづち」をうつ。(10)明るい表情で接する。
　ヒヤリングする時は、サポートに必要な情報を記載するヒヤリングシートやチェックシート等を準備して進めると、時間を有効に活用し必要な情報の洩れも無くなります。
　高齢者の心に寄り添い、高齢者自身が主体的・自発的に関わるコミュニケーションを心がけましょう。
　高齢者の心身の状態は、お元気な方から介助を必要とする方まで様々です。また、個人差も大きいですが、特別扱いせず、さりげないコミュニケーション、心を寄り添わせることが大切です。

3. 高齢者の自立支援のための住宅改修

　「介護保険による住宅改修」と「住宅リフォーム」には、大きな違いがあります。「住宅リフォーム」は住人の要望に合わせて家屋を新しく整備すること、家屋を改修すること、それにより生活を改善することを目的としています。一方、「介護保険による住宅改修」は、家庭内事故の防止は言うに及ばず、対象者の在宅生活における自立支援に合わせ、介護者の負担軽減や介護の効率化を目標に掲げています。つまり、「介護保険による住宅改修」における家屋の改修は一つの手段であり、工事にかかわる専門家にはハード面の専門知識とともに、そこで暮らしている高齢者の生活を把握するスキル、問題を発見できるスキル、高齢者の身体的特性や心理的特性を理解するスキルが求められます。
　例えば、浴室（在来工法）が狭い、浴槽が深い等の理由で入浴に不自由をしいられている高齢者がいるとします。近年、浴槽が浅く手すりも付いている、床が冷たくなく滑りにくい等の高齢者向けバリアフリー仕様のユニットバスもありますので、浴室を改修する場合、ユニットバス（システムバス）を選ぶことが増えています。

しかし、メーカーが不特定多数に向けて推奨している提案をそのまま受け入れ、提案することは適切ではありません。大切なのは、住環境の改善を求めている高齢者の身体的特性・心理的特性を理解し提案することです。

サポーターに求められる高齢者の住宅改修の関わりは、対象者の思いを把握し、各専門職と連携できるように支援すること。具体的には、以下のようなことがあげられます。
・介護保険を活用するための最初の窓口の案内。
・改修業者を決めるためには、複数の業者に見積りを依頼して、提案の内容から金額を検討するように助言する。
・本人の要望を整理しておき、業者や公的窓口へ意図を伝えるサポートをする。

整理・収納を通じて、高齢者自ら生活環境の改善、自分らしく暮らしていくという前向きな姿勢のきっかけになることも、サポーターの大きな役割です。

うまくいかなかった浴室改修の事例

築35年の住宅に住んでいる75歳のAさんは、浴室が狭く浴槽が深いため、入浴に不自由を感じていました。家族と相談してユニットバスの改修を行ったのですが、その後もAさんは家族には知らせずに、浴槽に入ることなくシャワー浴のみで1か月以上も暮らしていたのです。

住宅改修に際して、従来の狭い浴室は拡張し、浴槽も浅く、足が延ばせるサイズになりました。壁に手すりも付け、安全で容易にまたぎやすくなりました。ところが、浴槽に湯をはると浮力がかかり、浴槽が大きくなったことで身体が不安定になりました。身体を安定させようと浴槽の両端をしっかり持っていなければならず、入浴でリラックスするどころか、疲れを増長させるようになったのです。Aさんが家族に言い出せなかったのは、自分のために改修してくれたのにという家族への遠慮からでした。

問題は、Aさんの一つひとつの動作を確認せずに新しいユニットバスを決めたことです。施工業者側の問題でもありますが「家屋をみるが高齢者を見ていなかった」事例の最たるものです。浴室やトイレはプライバシーの際立つ空間であり、家族でさえどのような動作を行っているか知らないことの多い場所であることを理解しておきましょう。

4. 住環境におけるインテリアの工夫

　住まいは暮らしの拠点です。高齢になったからこそ愛着のある自宅に、長く安心して住み続けたいと願う人は多いでしょう。ここでは、インテリアの視点から安心で快適なお部屋づくりのポイントをご紹介します。

① 安全で快適な部屋の配色

　色を見分ける力も、加齢による目の衰えで低下します。似ている色だけでなく、異なった色でも、明度（色の明るさの違い）に差がないと、違いが分かり難くなります。

←明度低　　　　　　明度高→

出典：「基礎からわかるホームページの配色」（http://www.webcolordesign.net/）

　同じような色でまとめたインテリアは、統一感があってスッキリ見えますが、色の違いが分かりにくいので、家具の角にぶつけたり、段差につまずいたりすることも多く危険です。そのような場所は、水平方向と垂直方向がハッキリ分かるように、色みや明度にメリハリをつけると良いでしょう。

例えば、床とダイニングテーブルや高椅子の色味が似ている場合は、テーブルに違う色のクロスをかけたり、椅子にカバーをかけると、認識がしやすくなります（前頁イラスト図参考）。

　また、階段からの転落防止には、段鼻（階段の先の部分）に階段と色味の異なるテープや蓄光テープなどを貼ると段差が見えやすくなります。蓄光テープは、壁と床の境の分かり難く、足などをぶつけやすい場所や、トイレに行く際の経路、災害時の避難経路の幅木などに貼っておくと、停電時や夜の暗い時にも安心です。

＊蓄光テープ＝太陽や蛍光灯で光を蓄え、暗闇で長時間光るテープ。

 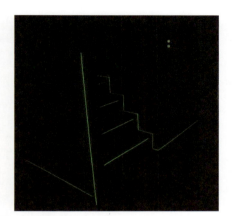

［写真提供］エルティーアイ株式会社（Lighting Technology Industry）

② 心地よい色のバランス

　インテリアの色合いを決める時には、機能や安全面だけでなく、居心地の良さも取り入れたいものです。そのときに気をつけたいのが色数とバランスが大切です。

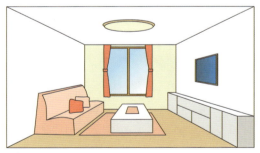 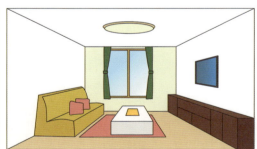

　　　色を３色に絞った例　　　　　　　　　　　色数が沢山ある例

　上の図は、色数が沢山ある例と、３色に絞った例です。気に入った色であっても、色数が沢山あるとバランスよくまとまりません。

　配色の基本は、壁や天井、床などの広い面積を占めるベースカラーは全体の70％、カー

ベースカラー70％：アソートカラー25％：アクセントカラー５％の例

[イラスト提供] 株式会社すけみつ (http://www.sukemitsu.co.jp/)

テンやラグ、ベッドカバー、ソファなどのお部屋のテーマカラーとなるアソートカラーは全体の25％、クッションなどの小物に用いるアクセントカラーは全体の５％です。

　配色で居心地の良いお部屋づくりをするのに手軽に出来るのが、カーテン、ラグ、クッションカバーなどのファブリック類です。これらを自分の好きな色にして居心地を良くしたり、春ならば、ピンクやペールグリーン、ラベンダーといったパステル調、夏ならば、黄、青といった鮮やかな色彩などを取り入れることで季節感を演出したり、冬には暖色系の色で暖かさを、夏には寒色系の色で涼しさ演出する事もできます。

5．マナーと心得

　サポーターが行う整理収納作業は高齢者の家の中に入り、その人のモノに触れて作業を行うことになります。ここでは「高齢者の整理収納サポーター」として、実際に高齢者の自宅で作業を行う時に気をつけておきたいことを上げておきます。

① 整理収納は人の生活の中に深く立ち入る作業

　暮らしに必要なモノを取捨選択する作業や収納する作業は、高齢者の暮らしや人生に深く関わる作業です。整理収納を第三者に手伝ってもらう経験が初めてで、心理的に戸惑いや不安を抱えている人は少なくありません。サポーターの活動が報酬を求めないボランティアであっても、十分な準備と責任と覚悟をもって取り組む姿勢が必要です。

② 事故・破損・紛失のリスクへの備え

　高齢者が作業のために無理をして転倒したり、怪我を負うなどの事故が起こらないよう十分に気をつけます。身体を動かしにくい本人に代わってモノを動かす作業が多くなるため破損や紛失のリスク対策も必要です。事前に貴重品を対象外の場所へ移動してもらう、作業時は貴重品には触れない、本人が不在の場で作業をしない等のルールを作り、損害賠

償保険への加入も検討すると良いでしょう。廃棄は紙切れひとつでも必ず対象者に確認をとり、サポーターの判断で勝手に廃棄してはいけません。これらは、お互いが信頼し合って作業を進めていくために必要な注意と言えます。

③ 服装・言葉遣い・態度・時間管理

作業に適したシンプルなデザインで清潔感のある服装を着用します。手袋・三角巾・マスクは作業スタイルとして説明すると不快感を与えずに済みます。どんな状況の住まいであっても当事者には敬意をもって接し、言葉遣いや態度に失礼のないよう気を配りましょう。高齢者はサポーターが来ることを考え起床時間にまで気をつけて待っていることもあります。サポーターの不注意による遅刻や作業時間の変更で対象者にストレスをかけないようしましょう。一方で本人のその日の体調を観察し作業時間の調整することも必要です。

④ 作業の報酬

サポーターの中にはプロとして有料で整理収納の仕事を行っている人がいます。一方でボランティアとして活動したい人もいることでしょう。いずれにしても、経費や報酬について作業を始める前に説明し、お互いが正しく理解していることが大切です。トラブルを防ぐために支払い費用が発生する場合は，金額や費目を書面で明らかにしておく覚え書きや契約書を取り交わすことをおすすめします。

⑤ 個人情報の保護

整理収納を行うために知り得た高齢者本人や家族、周囲の人々の情報は秘密を厳守し、他の目的では一切使用してはいけません。支援の向上のために他の職種の人達と情報を共有する場合は、必ず本人の許可を得る必要があります。そのうえで情報を共有するメンバーで機密保持のルールを厳格に守ることが重要です。

6. 感染予防

▶なぜ感染対策が必要なのでしょうか？
・生活支援の場で感染するリスクがあります。
・モノや器具などに菌がついている可能性があります。
・自分の身を守るだけでなく、相手の身も守る必要があります。

▶感染の原因
(1)排泄物（吐しゃ物、便、尿など）
(2)血液、体液、分泌物（痰、膿など）
(3)使用した器具、器材（刺入、挿入したもの）
(4)上記に触れた手指で取り扱った食品など

▶主な感染経路と原因微生物

(感染名)	(病原体の侵入経路)	(感染症の例)
空気感染	空気中から（咳、くしゃみ）	結核菌など
飛沫感染	咳、くしゃみ、会話時のしぶきから	インフルエンザなど
接触感染	皮膚、粘膜の接触から（手指、食品、器具を介して伝搬）	疥癬など
経口感染	口から（手から口、飲食品から口）	ノロウィルスなど
血液感染	血液から（注射針・輸血等）	B型、C型肝炎など

▶特に高齢者のお宅で注意しなければならない感染
・疥癬（かいせん）…
　　ヒゼンダニと呼ばれるダニが皮膚に寄生して起こる感染症です。肌と肌が直接触れることで起こる感染症ですが、近年、高齢者の介護行為などを介して感染し、施設や家庭内で流行することがあります。
・ノロウィルス…
　　非細菌性急性胃腸炎をおこす「小型球形ウィルス」の一種です。手指や食品等を介して経口で感染し、嘔吐、下痢、腹痛などを起こします。
　　一年を通じで発生していますが、特に冬季に流行します。
・障害のある皮膚…
　　水ぶくれ、やけども注意が必要です。

血液（ウィルス肝炎、エイズ等）、体液、分泌物、排せつ物の扱いにも注意が必要です。

▶感染の予防・対策
(1)手洗い…飛沫感染や接触感染を防ぎましょう。
(2)うがい…のどの粘膜に病原体が付くことを防ぎます。
(3)マスク…病原体が入らないよう、また拡散させないようにしましょう。また、つけてから外すまでは触らないようにしましょう。
(4)使い捨て手袋…素手で触らず、必ずビニール手袋を着用して取り扱いしましょう。
場合によっては、軍手（ケガを防ぐ）の下にビニール手袋　着用も必要です。また手袋を脱いだ後は、手洗い、手指消毒を必ずしましょう。
(5)エプロン…病原体・微生物が衣服に付くことを防ぎます。
(6)靴下…失礼にならないように靴下を履き替えましょう。
(7)眼鏡…埃などにたいする防衛。
(8)バランスの良い食事、十分な休養・睡眠、適度な運動、体を清潔に保つことなどで自身の抵抗力を高め、感染経路を断ちましょう。

▶具体的には…
(1)洗濯をこまめにして清潔にしましょう。
(2)手の洗浄後、アルコール消毒をしましょう。また、家具や器具等の清掃後、アルコール拭きや煮沸をして衛生的にしましょう。
(3)モノを処分し、日々の掃除をしやすくして、清潔を保つことが大切です。

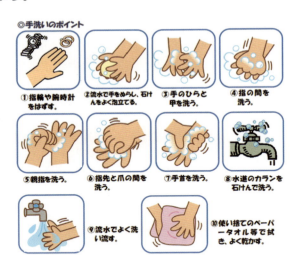

▶何よりも大切なことは「手洗い」「うがい」「手袋着用」そして環境清掃

6 整理収納支援のための基礎知識

〈コラム⑸　ゴミを出せない人たち〉

　今の世の中を高齢社会と呼ぶのなら、私の住んでいる地区は65歳以上の住民が50％以上という超高齢社会です。この地区は急な坂も多く、一人暮らしの高齢者や高齢夫婦のみの世帯にとってはゴミ出しも一苦労です。
　町会長をやっていた頃、高齢世帯を訪ねると玄関先や廊下に段ボール箱やどう見ても使ってなさそうな家電、ストーブなどが埃を被って積んであったり、庭先には壊れた自転車が転がっている、そんな風景をよく目にしました。
　ところが高齢者がゴミステーションに出しに来るゴミはというと、ほとんどがコンビニの小さな袋1個分くらい。大きなゴミを出したくても車のない高齢者には、かさばって重たいゴミはごみステーションまで運ぶことができないのです。
　また収集日が雨だったり体の調子が悪いとますますゴミ捨ては先送りになり、出したくても出せないごみがどんどん溜まっていきます。
　このままでは衛生状態もさることながら散らかりで転倒事故も起こりかねません。
　そこで役員各位に相談し《70歳以上またはお体の不自由な方に向けてゴミ出しのお手伝いをします。お気軽にお申し付けください》と書いた回覧板を回しました。
　しかし反応は全くなし。
　班長や民生委員に声掛けしてもらっても問い合わせすらありませんでした。
　歳をとれば何でもおっくうになるのは当たり前。ゴミを出すだけでなくそれを頼むことすらおっくうになるのもわかります。ましてゴミが溜まっていることを知られるのは、プライドにも関わるデリケートな問題です。
　ゴミ出しボランティアはその方法にも工夫が必要ですが、呼びかけ方にも注意を払わなければうまくいかないと痛感しました。
　「そんなことわざわざ町内会でしなくてもお隣が手伝えばいいことでしょ？」とおっしゃる役員もいましたが、それができていないから仕組みを考えなければならないのです。
　バスや電車のシルバー席のように恥ずかしがらずに遠慮なく利用できる、そんな高齢者のための片付けサポートの仕組みを作ること。
　それは超高齢社会に立ち向かう重要なミッションではないでしょうか。

7. 整理収納とごみの関わり

　整理を行うと、不要になったモノが出てきます。そんなモノの一生について紹介します。
　モノが私達の家のなかに来てから無くなるまでに、生産・流通・販売・購入・使用・廃棄と言った過程を経ています。家のなかを整理すると、不要なモノが出てくるので、この章ではその処分の仕方について紹介します。

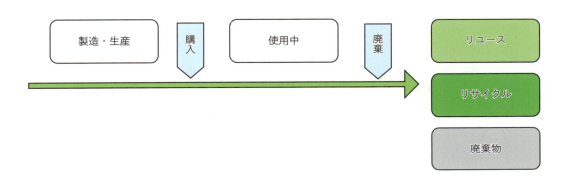

　高齢期になると体力の衰えから重いモノが持てなくなります。大きく重いモノの移動に苦労するので、運びだしは支援者であるサポーターのみなさんに期待される役割です。できることなら、整理作業の日を回収日に合わせるなどの配慮も必要ですし、地域の住民や団体が協力して支援する「ごみ出しボランティア活動」などの仕組みがあれば理想的です。
　また、家具や大量の衣類など、大型製品や大量の廃棄物の処分の際には、専門の廃棄物回収事業者へ依頼することになります。その際には高額な料金が掛かることがあるので、「事前に見積もりをもらう」、「自治体のルールや法律に適合した業者」を調べてから選びましょう。ポスティングされている無料回収のチラシなどを配布している業者のなかに

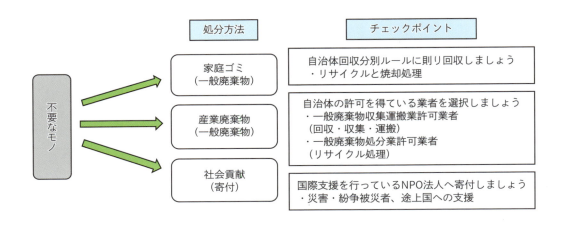

は、不許可の違法な業者の場合もあるので、回収を依頼する際には注意しましょう。このように廃棄の方法について、高齢者の相談に対応することも必要です。

そして、できるだけ捨てるモノを減らす工夫として、衣類を災害地に送るボランティア団体などに寄付をして、社会貢献として活かす選択肢もあることも伝えましょう。

50歳以下の若い世代の家庭の整理を行う際には、廃棄後も将来に渡って新たにモノを購入することになります。次にモノを購入する際には、ブランドだけではなく、素材調達や製造工程において環境や人権へ配慮がなされて、永く使える良い製品を選ぶことが「豊かな暮らし」に繋がることをアドバイスしましょう。

暮らしデザイン研究所では、ごみ減量を推進している京都市ごみ減量推進会議の「2R文化発信事業」の実行委員を務め、2R「発生抑制(Reduce)と再使用(Reuse)」のライフスタイルの普及啓発を共同で推進しています（参考：京都市ごみ減量推進会議http://kyoto-gomigen.jp/）。

8. 減災と整理収納

地震、台風などの災害を想定した住環境対策は、高齢者の命を守るために非常に大切です。従来の「防災」が災害の被害を出さないようにする取り組みであることに対して、「減災」は災害被害の発生を想定した上で、被害を最小限にするための取り組みです。災害発生以前の事前対策、発生後の対処策も含まれる命を守る重要な理念です。

ここでは、「整理収納や地域コミュニティへの参加によって、災害による高齢者の被害を減らす」ために知っておくべき、家庭と地域における防災・減災に関する基礎知識を紹介します。災害発生時には、世代を超えて地域住民が助け合う必要があります。「自助」「共助」「公助」という言葉がありますが、災害時には自らの住環境の整備と備え、地域住民の連携が避難生活を支えます。高齢者は防災対策や地域参加の必要性は感じていても準備をする気力や体力が伴わない場合が多いため、サポーターが本人の意向を確認しながら一緒に作業を進めましょう。

① 「災害はひとごと」と考えない

地域によっては、長年災害被害がなく、災害への備えができていないことがあります。まず、災害は「自分の身にも起こること」「自分でできる備えをしておこう」という意識を喚起することが大切です。行政などが発行する自宅周辺の災害予測地図（ハザードマップ）を入手することで、地震や水害時の被害予測、過去の災害履歴、避難場所・避難経路などの防災情報を知ることができます。

② 命を守るための住環境整備

住まいの耐震診断をうけ、補強工事などの対策をすることも、命を守る方法のひとつです。耐震診断・耐震補強対策の支援策を設けている自治体もあるので、新耐震基準（1981年）以前に建てられた住宅の場合には制度を紹介するなど、収納作業時に改善できることから始めましょう。

- **収納作業時に改善できること**
背の高い家具への転倒防止器具の取り付け／寝室や日中長く過ごす場所に背の高い家具を置かない／家具の向き・配置を見直す。
- **食器や家具の飛び出し対策としてできること**
食器棚に滑り止めシートを敷く／ガラス類に飛散防止フィルムを貼る／扉に飛び出しを防止するベルトや紐をつける／家電品に耐震固定ベルトや耐震マットを使う

③ 避難所（自宅以外）で避難生活をする備え

自宅の安全が確認できるまでは、避難所で生活することになります。高齢者にとって避難所での生活は負担が掛かり、体調を崩しやすくなります。不安感を解消するためにも、最低限の日常生活に無ければ困るモノを身近にまとめておき、非常用持出袋として持ち出せる様にしておくと安心です。

- **非常用持出袋の中身の例（身軽に避難できるサイズや重さにする）**
防災食品：ペットボトル水・非常食（レトルト食品、飴、チョコレートなど）
生活用品：常備薬・入れ歯・補聴器・めがね・杖
重要書類：保険証・介護手帳・お薬手帳・身分証明書
備忘録：緊急連絡先・通帳・証券類の番号の控えメモ

ほかにも、スムーズに移動できるための準備として、現金や懐中電灯、歩きやすい靴、安全の確保のための軍手、防寒対策としてのレインコートなども用意すると便利です。

④ 自宅で避難生活をする備え

被災地域の外部から物資の支援が届くまでの期間の目安として、7日分の備蓄をすることが推奨されています。普段の生活でも水や食料品などを使いながら、合わせて防災食品を年1回試食して入れ替えて管理しましょう。冷蔵庫が使えなくても保存できるレトルト・栄養補助食品や、ガス・電気が止まっていても食べることができる缶詰・お菓子などを用意しておきましょう。

- **自宅で備えてあると便利なモノの例**
調理器具：カセットコンロ・ボンベ・缶切り・アルミホイル・ラップ・保冷剤など

衛生用品：非常用トイレ凝固剤・消毒ウェットティッシュ・トイレットペーパー・ティッシュ・マスク・紙オムツなど

給水用：空のペットボトル

⑤ 防災食品・生活物資の収納

　防災用品を準備しても、維持管理が長続きしない家庭が多く見られます。いつ起こるかわからない災害のために無理なく継続できる収納の仕組みが大切です。

・高齢者本人が取り出しやすい収納場所を間取りから検討する。
・住まいの整理を実施して、防災用品の収納スペースを確保する。
・普段の生活に支障がない収納をして、日常用品を防災用品に使い回す。
・個室に閉じ込められることを想定して、飲み物と防災食品はリビングと寝室に分散収納する。
・中身がわかるラベリングをする。

⑥ 地域とのつながりをもつ

　多くの家屋が倒壊するような大規模災害の発生時には、消防などの公的機関の助けを得ることが困難になります。過去の大震災の時も多くの人が近隣住民により救助されています。そのためにも日頃から「顔の見える近所の付き合い」を心掛けることが大切です。

・町内会、自治会に加入し、近隣住民に高齢者が居住していることの情報共有をする。
・地域の防災訓練に参加し、避難所の場所の確認や避難所での生活に備える。
・自宅で避難生活をする場合に、生活支援や家財道具の整理を助けてくれる団体の連絡先を知っておく（社会福祉協議会、災害ボランティアセンター等）。

9. 終活について

① 終活とは

　終活とは、人生の終わりをより良いものとするため、事前に準備を行う活動のことです。歳をとると、自分自身の健康のこと、お金のこと、孤独のことなどについて不安が生じてきます。これは誰しもが通る道です。しかし何も準備をしないまま過ごしてしまうことで自分の想いが実現しないばかりか、周りの人に迷惑をかけてしまうことになります。自分自身の幸せのために「事前の準備」をすることが、同時に周りの人に安心を与えることに繋がります。

② エンディングノートについて

　まずは、自分のこれまでの人生を振り返ってみましょう。そのためのツールとして最適なのが、「エンディングノート」です。エンディングノートの主な項目とその項目ごとに自身で考える内容を下記にまとめましたので参考にしてください。

(1)自分自身について：自分の生い立ちや幼いころの思い出、家族や友人との関わりのこと、これまでの人生で楽しかったことや嬉しかったこと。
(2)介護について：介護が必要になったとき誰に面倒をみてもらうのか、どこで介護してほしいか、費用は誰が負担するのか。
(3)認知症について：もし認知症等になって自分で物事を判断できない状態になったとき、誰に代わりの判断をしてもらうのか、どこで暮らすのか。
(4)終末医療について：延命治療の有無、病名や余命の告知の有無。
(5)亡くなった後について：葬儀の希望、お墓の希望、自宅の整理・処分の希望。
(6)財産について：どこにどんな財産があるか、誰に何をどのように残したいか。
(7)その他：最期に大切な人に伝えたいメッセージ、もしもの時に連絡してほしい人。

③ 書き方の注意点

　このように書く内容が分かると、最初から最後まで綺麗に埋めたくなるものですが、その必要はありません。また一気に書く必要もありません。ふと思いついたときにメモを取るような気持ちで、自然な状態で書くと効果的です。また、考えや思いは少しずつ変わるものですから、内容を勝手に決めつけたりせずに何度も書いたり消したりできるようにしておきましょう。また、ある程度書いたら、内容はご家族に見てもらいましょう。事前に自分の想いを少しでも知ってもらうことでより安心できます。

④ エンディングノートから見えてくること

エンディングノートの項目によっては、すらすら書けた箇所と、なかなか書く内容に困った箇所とのバラつきがあると思います。書くのに苦労した部分が、現在の自分自身の弱点（あまり考えていなかった内容）と考えられます。自分が意識していなかった項目がどこなのかを気づくことが重要です。

⑤ まとめ

エンディングノートを書くこと、自分の想いや考えを紙にまとめることは、あくまで終活のスタートラインです。エンディングノートに書いた自分の想いや考えは、法的に有効な書類にして残しておかなければ実現しません。思いをきちんと形にしておいてこそ、本当に自分のこれからの人生を考えるという証になりますし、自分が亡くなった後にも大切な思い出として貴重な財産になります。これからの人生をより楽しくするという前向きな気持ちで取り組んでいくことが大切です。

7 事例に学ぶ支援のあり方

1. 整理収納とリハビリテーション

　息子の小児喘息がきっかけで整理収納の勉強を始めたころ、訪問リハビリを担当していた方の部屋が荒れはじめ、チラシを踏んで室内を歩くようになりました。

　今まで、私は理学療法士として、住宅改修や福祉用具の選定などにかかわり、体の状態に合わせて必要なモノを増やすお手伝いをしてきました。ですが、「自分でできる」ように動きやすく安全な環境をつくるためには、モノを増やすだけでは生活に支障があることに気づいたのです。その後、老人ホームの環境整備を経て、整理収納のその先にあるのは、実はリハビリテーションそのものだったと気づきました。

　Rehabilitation（リハビリテーション）とは、re（再び、戻す）とhabilis（適した、ふさわしい）という意味です。動作訓練や電気治療ととらえられることが多いですが、広い意味では、人が病気やケガ、そして老化により生活がしにくくなったとき、再び「自分らしく生きる」ことができるようになるために行われるすべての活動がリハビリテーションなのです。リハビリテーションは、専門職、地域の住民、家族など、たくさんの人の協力とかかわりで成り立ちます。今この文章を読んでくださっているあなたもその一人です。

　例えば、右片麻痺の方が、左手で家族の料理を作っておられる場合、病院のリハビリテーションでも、退院に向けて料理を片手でつくる練習を行ったりします。退院後、自宅に戻ってから、使用頻度に分けて、よく使うモノを使いやすい場所に収納すると、より安全で使いやすいキッチンになります。よく使う鍋は、使いやすいように作業台の上に置いて見せる収納にしています。壁面収納では、よく使うモノを吊るして、使わないモノを引き出しにしまいました。左手で使いやすいように、使用頻度が高いモノは右側の低い位置に収納しています。

　家族のために料理をする、掃除をする、デイサービスを利用するなど、再び「自分らしく生きる」ことができるようになるために行われるすべての活動がリハビリテーションなのであれば、収納方法を変えることにより、安全にできる、できることが増える、自分で選びたいと思っていることができることが自分らしく生きるリハビリテーションなのです。

　高齢者の整理収納サポーターの方、専門職の方が連携し、高齢者の環境をととのえてこそ、その人が安心、安全に、住み慣れた家で自立して暮らしていく支援ができます。

2. 整理収納の役割

　2005年から整理収納サービスを始めて11年が経ちました。数々のお家の整理収納に携わらせていただきましたが、本当に1軒1軒お一人お一人「間取り」「ご家族構成」「ライフスタイル」「モノの持ち方」「これからの暮らし」が違い、それぞれの「整理収納の手順」「モノの判断の加減」「促し方」「手放し方」「間取りの使い方」「家具のレイアウト」「お困り事の解決方法」「作業段取り」「収納用品の提案」などカスタマイズな整理収納のアプローチ、収納の仕組み作りが必要と実感しています。これは「高齢者の整理収納」の現場でも同じです。

　整理収納サービスに大切なのは「今回の整理収納は誰のための、何のための整理収納か」そして「私の役割の重きは何になるか」を考えることです。そんな視点で行った高齢者の整理収納サービスの現場の事例です。

① 70代ご夫婦お二人で自活するために「出来なくなっていることを出来るようにするため」の整理収納

　70代ご夫婦様からご依頼をいただきました。築45年のご自宅には長く生活を共にしてきた収納家具、そしてモノも多く存在するお暮らしでした。ある日、何気ない会話から「尾山さん、このスチールの引き出しが重くて引き出せないから、中に何が入っているかわからなくなっているのよ」と。「ほんと、確かに重たいですね。スライドレールの引き出しにすると軽くなるから取り替えてみませんか」とご提案すると「そんな引き出しがあるの？ お任せするから買って来くれる？」と。後日、スライドレールの引き出しに差し替えると、「すごい！ ほんと軽いね。これなら使えるね」と喜んでいただきました。適正な収納用品に変えたことで今ま出来なかったことが出来るようになり、使えかったスペースが使えるように。そしてモノを見直したことで、わからなくなっていたモノがわかるようになりました。

　この時の私の役割はお客様の身体状態から適正な収納方法を見極めて適正な収納用品をご提案すること。さらにご自身で収納用品を購入することが難しくなっている現状を把握し、ご本人に代わって収納用品を購入して「出来る収納の仕組みを作ること」でした。整理収納によって家の環境が変わると本当に自活できるようになると実感した事例です。

② 70代のお母様そして娘さん家族のこれからの暮らしのために「家業と家とモノを引き継ぐため」の整理収納

　代々家業を引き継いでいかれるお客様のお家。現在はお母様と娘さん家族と一緒にご実

で同居されています。娘さんからは「母と私と2人でやっているとなかなかうまく進まないので一緒にやってもらえますか」と。そして「これからは娘世代だから、私たちが使っていたモノは処分してくれていいからね」と娘さんを思いやるお母様のお言葉から、いろんな思いを察し、お母様と娘さんご家族の間に入り、モノを手に取りながらたくさんたくさん一緒おしゃべりしました。お母様からそれぞれのモノのストーリーをお聴きして娘さんに引き継ぐモノ、もう要らないと判断するモノを笑いながら、時には涙しながら決めていく整理収納の場面はなんとも素敵な時間でした。そして納得してモノを手放して、納得して引き継ぐためにもお母様だけ、娘さんだけとお話する時間もとても意味のある整理収納に有効な時間でした。本来の目的はこれからの暮しが和やかに過ごせるため。そのための整理収納を導きながら仲介役やクッション材になる私の役割の意味を実感した現場になりました。

　整理収納サービスの現場では、それぞの家の整理収納によって整理収納の答えとアプローチの仕方は変わりますが、ご依頼いただく高齢者の家の整理収納で共通して言えることがあります。それは人生の歴史が長い分、人にも家にもモノにもコトにもたくさんの背景やストーリーがあること。そして一緒に整理収納のことを考えてサポートくれる人が頼めば居てくれるという安心感を持ってくださることです。高齢者の整理収納サポーター養成講座で学んだ知識とスキルは、1軒1軒お一人お一人に合ったカスタマイズな整理収納を大切にしたい整理収納サービスの現場で応用し活かされています。これからもまだまだ整理収納によって出来ること、高齢者のための整理収納の役割、高齢者のための役割があると実感する毎日です。

3．暮らしのあり方とリフォーム～動線と間取りの使い方～

　インテリアコーディネーターとして20年近く住宅の新築や改築に携わってきました。
　その基盤となるのが「まず暮らしありき」という考え方です。戦後の日本は住宅不足解消のために住宅の規格化による大量生産を行い、結果日本人は「住まいに暮らしを合わせる」ことが当たり前になってしまいました。リフォームと言っても、業者に勧められるままにメーカーの既製商品を入れ替えるだけという工事が少なくありません。困ってからとりあえず手摺をつける、段差解消対策をするなどの対処療法がやむをえない現実もありますが、改築後の暮らしをより快適にするためには、施主本人に「暮らしに合わせて住まいをつくる」発想に転換していただくことが不可欠です。ここでは"施主自身の気づき"が改築内容を大きく方向転換した事例をご紹介します。

『高齢に対応できる動線と間取りの使い方を見直したリフォーム』

　70代を目前にされたYさんご夫婦。築35年の戸建住宅の耐震工事と外装のメンテナンスを目的に改築の依頼をされました。老朽化したシステムキッチンの入替えと2階の寝室バルコニーの物干場に雨除けの屋根の取付も希望されました。
　改築プランの相談をしていたとき、私はリビングに隣接する和室の様子が気になりました。雨戸が閉められて暗く使われていないようです。お聞きすると「息子家族がよく遊びに来ていた頃は泊まる部屋として使っていたが、転勤で海外へ行ってからはほとんど使っていない」とのこと。和室は窓が1カ所で暗く風通しも悪く、大きな床の間が物置になっている状態でした。
　Yさんご夫婦は健康で退職後趣味を楽しむ生活を送っておられ、今まで通りの間取りの使い方でのリフォームを考えておられました。Yさんから和室の改築要望は出ていませんでしたが、私はこの和室を改築し老後の生活に活かされてはどうかと考えました。そこで1階と2階を日に何度も往復する動線についてお尋ねすると、若々しくお元気そうな奥様が、実は洗濯室から階段を上って洗濯物を運ぶことがそろそろきつくなってきているとのことでした。
　そこで先々の心身の老化や介護も見据え、1階を生活のベースとするリフォームを提案させていただきました。すると、Yさんが「実は私もそうするのがいいかもしれない、うすうす思ってはいたのです」とおっしゃったのです。しかし、手間とお金がかかりそうなので今の家に合わせておこう、と自分を納得させておられたのでした。
　手間がかかることは私達の仕事なので大丈夫ということ、2階バルコニーには手をつけずその予算を1階に使うこと、耐震工事や外壁工事が和室の改築工事と一致する工程があ

るため同時に行うと費用が抑えられることなどを説明しました。

　和室を積極的に活用するメリットは、Yさんご夫婦にも一緒に考えていただきました。当分の間は書斎として本や趣味のモノを収納し楽しめること、将来介護の必要がやってきた時は、本人の外出・トイレ・食事などの移動が楽であること、家族の介護の負担も軽くなること、再度リフォームの心配をしなくてよいこと、などが挙がりました。Yさんご夫婦は改築後の生活の期待感が増し、その後の工事の打合わせでは要望を積極的に出してくださいました。

　実際のリフォーム工事の内容は以下のようになりました（耐震・外壁関連工事は省く）。

〈和室〉
・窓の増設・既存サッシを複層ガラスへ変更し採風、採光・断熱を改善する。
・床の間を物入れに改造し書籍や趣味の道具を収納する。将来寝室にとして使うときは生活用品・介護用品を収納する。
・リビングとの間仕切り壁の開口を大きくし建具を全開した時の一体感をつくる。

〈1階ダイニングから直接出られる物干用テラスを新設〉
・洗濯室に近く、干す・取り込む家事動線を短くする。

〈暮らしを楽しむ〉
・キッチンとダイニングの壁を取り除き二人暮らしをゆったり楽しめる空間に。
・玄関ホールにニッチをつくり季節の室礼を楽しめるように。

　もし、Yさんの本当の要望に気づかずに当初の内容で工事を進めていたら、暮らしを楽しむための工事は行われていなかったかもしれません。Yさんご夫婦がご自身の望む暮らしを描き、そのための改築をしようと意識を変えてくださったから実現できたのだと思います。建築の知識と整理収納の知識を役立てることができ、私にとっても印象深い経験となりました。

4. 介護福祉士とのかかわり

　訪問介護の仕事をする中で私は、高齢者が安全に自立した生活を営むためには、掃除以前に整理収納が不可欠であると感じました。それがきっかけで整理収納を学び、現在は高齢者が地域の中で、整理収納を通してゆるやかにつながることを目指した活動を行っています。事例のＡさんも、その仲間のひとりです。

　Ａさん（77歳、女性）は、１年前の脳梗塞の後遺症による軽い麻痺のため、利き手の手指の細かい動きに支障があります。朗らかで社交的、友人とアートフラワーの教室に通い、家でも作品作りに励んでいたＡさんでしたが、退院後は家に閉じこもってテレビを見て過ごしておられます。
　娘さんが、「家中アートフラワーだらけで、床の上にも材料や道具があり、転倒が心配です。１年もやっていない趣味を再開するとは思えない。道具類を処分したいと思っています」と相談に来られました。
　Ａさんは「娘にはずっと迷惑をかけていて申し訳ない。アートフラワーをやりたいが、細かい作業がうまくできないので無理でしょうね」と、アートフラワーへの断ち切れない思いを訴えられました。
　Ａさんの言動から、まだご自身の障害受容の過程の途中であるように思われました。できることが増えてきているものの、思い入れの強いアートフラワーをしていないことが自己評価を低くしているようです。さらに、散乱しているアートフラワーの材料や道具を目にして、「片づかず迷惑をかけている」という気持ちと、「再開する時のために置いておきたい」という気持ちの葛藤によるストレスで、生活意欲が失われているようでした。
　アートフラワーを再開することによって、「自分はできる」という自己効力感を持つことができるのではないか、意欲も向上するのではないかとも思われました。
　ただ、本当に右手で細かい作業ができるのか心配でしたので、ご自身で医療関係者に相談していただきました。その結果、「『リハビリになるから大いにやりなさい』と背中を押された」と嬉しそうに語られました。
　そこで、Ａさんの整理収納の目的を「アートフラワーを通じてＡさんらしい活動的な生活を取り戻していただくこと」にしようと考え、Ａさんと娘さんに、「高度な作品を作るのは無理でも、少しずつ再開してみませんか？　右手を動かす準備運動代わりに、散らばっているものをまとめながら、使いやすいアトリエを作りませんか？」と提案しました。整理収納の目的の「活動的な生活」の中には、友人との交流や外出も含めたいと思い、Ａさんに、親しい友人にも整理収納に参加してもらい、楽しみながら作業をしては、とお勧

めしました。

　Aさんと友人で、散乱していた材料や道具で複数あるものは一番使いやすい「一軍」と「予備」「教室に寄付するもの」に分け、家に置くものは用途別にグルーピングしていただきました。アトリエ用の部屋に古い机とキャスター付きの引き出しを置き、Aさんご自身で出し入れしやすい位置に収納されました。その結果、材料等は適正量になり、使いやすくまとまり、動線も安全になりました。家中にあった作品をどうするかもご自身で時間をかけて決めていただきました。Aさんは、作品の多くを地域の商店などに差し上げることにされ、後日友人と一緒に飾りに行かれました。

　ご本人のペースで整理収納をされ、思い通りに成功したことで、Aさんは自信を取り戻し、現在はアトリエで作品作りを楽しみ、友人とともに教室に通われるまでになりました。娘様もAさんの活動的な生活を応援されています。

　Aさんの事例からは、物理的・人的・社会的環境が整えば、本人の潜在力が発揮できる可能性があることがよくわかります。

　高齢者の整理収納は、「その方が自分らしくいきいきと生活するきっかけづくり」であり、その大切さを高齢者と関わる人々に伝えていくことがこれからの課題だと感じています。

5. 高齢期の発達障害への社会支援

　私は特定非営利活動法人暮らしデザイン研究所を設立し、発達障害のある人へ整理収納の技術を活かした住環境の整備を行っています。最近では、社会的に「発達障害」の認知度が高まり、脳機能障害の一つとして知られるようになってきました。私も発達障害の一つであるADHD（注意欠如・多動症）と思われる母を身近にして、脳機能障害の複雑さを感じながら生活してきました。

発達障害とは？

　ADHDは"物が片づけられない"発達障害という表現で広く知られるようになりましたが、発達障害のもう一つの障害である、ASD（自閉スペクトラム症）と併発しているケースも多くあり、特定の物や事へのこだわりと、時間の管理の難しさから、社会生活でトラブルを抱えやすい傾向があります。

　しかし、こうした側面はあるものの、一般的には高齢期に至るまでに数多くの人生経験を積むことにより、物の管理を自分なりに工夫し、人とのコミュニケーションにおいても社会適応することができます。その一方で、特性により社会生活における困難さを抱えるケースもあります。例えば、周囲が特性を知らずに、職場でのミスが重なる事からの転職の繰り返しや、こだわりの強さによるコミュニケーションの困難さが長年に渡ると、家庭生活においては離婚に繋がるケースもあります。こうした経済的な不安定さや生活環境の変化を、高齢期に差し掛かり迎えると、精神的な負担と身体機能の変化を同時に受けることになります。

発達障害のある人の高齢期における事例

　一般的に、高齢期における生活の大きな変化は心理的負担が大きいものですが、特性上新しいことに慣れづらく、予測が苦手な発達障害者や傾向が強い人にとっては、その負担はより大きくなります。ここでは法人として会の運営に関わっている「一人にしない社会をつくる会」（事務局：京都自立就労サポートセンター内）の事業を通じて調査を行うことになった高齢期のケースを紹介します。

　Aさんは現在、社会人の子ども2人とマンションで同居していますが、高齢期に差し掛かって離婚を経験しました。10年ほど前に発達障害の診断を受けた頃から片づけが困難になったため、住環境の整備を希望して障害福祉サービスの制度によるホームヘルパーの派遣を依頼しました。しかし、複数の事業所を利用しましたが、いずれも発達障害の特性

に応じた住環境整備のサービスを受けることが難しく、短期間で利用を中止することが続きます。

　Aさんの希望は、若い頃に自分なりに工夫していた物の管理が、離婚に関わるさまざまなストレスによりできなくなったため、定位置管理ができるように手助けしてほしいという内容でした。自宅を訪問すると、玄関に続くキッチンとダイニングの机と床には物が散乱しており、ご本人の朗らかさとは裏はらに、生活において片づけに困難をきたしていました。ヒアリングを行うと、重要な書類である「保険証」や「お金」「通帳」を度々なくすことにより、何度も再発行を頼むことが自己否定感に繋がり、心が辛くなられていました。

　このケースの場合は、月に1度の調査訪問を実施し、丁寧に本人の希望をヒアリングし、合意を得ながら片づけの目標を設定しました。手順として、最初の3か月間は「保険証」や「通帳」などの生活するうえで優先度が高い物の管理を目標とし、保管場所にはラベリングした収納ケースを設置しました。また、視覚からの情報に気を取られやすいADHDの特性が見られたため、収納ケースは視覚情報を制限できる扉のある収納スペースに設置しました。一見、スローペースだという印象を受けられる方もいるでしょう。しかし、支援者などの慣れない相手とのコミュニケーションに負担を感じやすく、自分で納得して進めていきたいというこだわり特性が強い人の場合は、訪問時間を短く、訪問頻度も相手の生活状況に合わせて設定しておく配慮が必要です。

　その結果、優先度が高い物から取り組んだことで、行政機関や病院の受付で恥ずかしい思いをすることがなくなり、自分に芯ができたと言います。4か月目の訪問では、最初の頃には散乱していた床の上の物も減り、小さな成功体験ですが、自信を持つことで精神的に安定されていることが確認できました。

社会制度における課題

　Aさんの事例の背景には、ホームヘルパーの派遣制度を利用しても、発達障害の「特性に配慮したコミュニケーションの取り方」の啓発が派遣される支援者に進んでいないことと、「特性に合わせて進める住環境整備の知識」が普及していないことがあります。10年ほど前から発達障害と片づけについての書籍は数多く出版されていますが、社会制度の仕組みとして普及しておらず、今後の課題と言えます。そのため、サポーターには住環境整備と心理的な安定の関連について認識を広めることが求められています。

　一般家庭でも4人家族で6,000点の物を所有していることから、公的な生活支援においては、何をどこまでを対象とするのかの基準を持つことが必要です。そのため、発達障害者やそれを取り巻くグレーゾーンの人の場合は、社会的信頼や制度の利用に関わる保険証や年金手帳などの「重要度」「優先度」の高い物の管理から支援を行っていきます。物

の定位置が継続的に管理できるようになったら、次は刃物類など「安全」を優先した物の定位置管理や、「衛生の保持」としてゴミの分別や廃棄が必要なキッチンを対象とした支援へと進めます。

　今後はAさんのように65歳を境に障害福祉サービスから、介護保険制度の対象へと切り替わるケースが増えると考えられます。本人が継続して適切な支援を受けるためにも、発達障害のある高齢者を取り巻く様々な分野の支援者の連携が求められています。

〈コラム(6) セミナーを通した啓発で大切にしたいこと〉

　「整理収納の大切さ伝えたい」そんな想いで、これまでセミナーを開催している私ですが、今もなお、日々試行錯誤の連続です。そもそも自分が伝えたいこと、想いをどう伝えればいいのか？「伝え方」の中で、私が一番大切にしていることは受講生の方に「共感を持ってもらうこと」です。

　講師の話を聞いて、「その気持ちわかるなぁ」とか「同じだわ」と共通点を見出し、自分の状況と重ねて考えることがあると思います。「共感すること」によって、講師を身近に感じることで、さらに内容の理解度も深まり、その後の気持ちや行動の変化にも繋がっていく。

　伝え方と共に、話し方も大切です。心に響く言葉も、もちろん必要ですが「自分の想いを自分の言葉で話す」こと。どこかで聞いたような言葉ではなく自分の言葉を見つけること。これがさらなる「共感」を生み、聞いた方の心にしっかり残る内容になると思うのです。

　私の整理収納講座を通じて知り合った受講生から、近況報告をいただいたり、お悩みの相談を受けたりということがよくありますが、中には私のセミナー受講をきっかけに、お部屋が片づき、彼氏ができました！と嬉しい報告をいただいたり、「学ぶこと」がきっかけになり、あらたな資格取得をされ、更なるステップアップをされた方もおられます。私のセミナー受講がその人の人生の大きな転機になったと思うと、プロとしての責任を感じずにはいられません。

　不慣れだからといって、セミナー内容を丸暗記したり、うつむきがちに自信なさそうな話し方をしていると、受講生に不安を与えてしまったり、印象の薄いセミナーになってしまいます。そういう私も過去には、いろいろな失敗がありました。時間が追してしまい、最後早口になってしまい残念な終わり方をしてしまったこと。質問攻めにあってしまいあやふやな返答しかできず、後悔をしてしまったことなどなど。そういった痛い経験も多々あります。

　満足度の高い魅力あるセミナーを開催し続けることは一朝一夕にできることではありません。しかし、経験を積み重ねていくことによって、話し方、言葉の使い方、人との接し方。など自分自身の様々な成長にもつながります。

　セミナーは片づけと同じで最終ゴールではなく、あくまで手段の1つ。セミナーをきっかけに、受講生に行動を促す効果を高めることができるように……。私自身も、常に自分らしく、成長し続けたい。そう思っています。

○推薦図書

（書　名）一番わかりやすい整理入門　整理収納アドバイザー公式テキスト
（著　者）澤　一良
（出版社）株式会社ハウジングエージェンシー出版局
（発　行）平成19年

○参考文献

（書　名）ナーシング・グラフィカ老年看護学(1)：高齢者の健康と障害　第4版
（書　名）ナーシング・グラフィカ老年看護学(2)：高齢者看護の実践　第3版
（著　者）佐久大学　看護学部教授　堀内　ふき
　　　　　佐久大学　看護学部看護学科教授　大渕　律子
　　　　　千葉大学　大学院看護学研究科教授　諏訪　さゆり
（出版社）メディカ出版
（発　行）平成25年

（書　名）「防災備蓄収納1級プランナー」テキスト
（発　行）一般社団法人防災備蓄収納プランナー協会、平成27年

（書　名）地域における防災教育の実践に関する手引き
（発　行）内閣府（防災担当）・防災教育チャレンジプラン実行委員会、平成27年

（書　名）精神神経学雑誌　第116巻第6号
（発　行）公益社団法人日本精神神経学会、平成26年

特定非営利活動法人
暮らしデザイン研究所

"整理収納×福祉"
～ありのままのあなたが活躍できる社会へ～

　現代の物や情報があふれた生活のなかでは、身の回りにおいても管理すべき物事が溢れ、一般家庭でもそれに対応しきれない事例が増えてきています。また、このようなことが心理的ストレスとなり、家庭内や社会におけるコミュニケーションに問題を抱える一因ともなっています。

　心身に障がいのない方の家庭でもこのような状況にある事を考えると、脳の特性により片づけが苦手ともいわれる発達障害や身体に障がいをもつ方にとっては、この"物"や物を入れる"収納"の形状、またはその配置を見直すことがより大きな生活改善へとつながります。

　そのため、現在このような方の日常生活のサポートに携わっておられる医療、介護分野の職業を含めたさまざまな支援者に広く啓発を行なっています。

主な活動実績：平成26～28年度（直近3年間）

◆発達障害
「発達障害住環境サポーター養成講座」事業。
講演・研修依頼（関西学生発達障害支援フォーラム、一人にしない社会をつくる会、高等学校教職員保健部研修会、中学校PTA連絡協議会、中学校記念式典、引きこもり支援団体、発達障害当事者会及び家族会、等）、日本臨床心理学会第51回大会分科会パネリスト。

◆高齢者
「高齢者の整理収納サポーター養成講座」事業。
講演・研修依頼（京安心すまいセンター、地域包括支援センター、市民団体、等）
受託（京都府シルバー人材センター連合会・派遣前講習）
助成（京都市中京区まちづくり支援事業）。

◆事業連携（事務局運営協力・委員派遣）
京都女子大学発達教育学部社会教育基礎実習／関西学生発達障害支援フォーラム／一人にしない社会をつくる会大相談会／京都市東山いきいき市民活動センター公共空間Reモデルプロジェクト／京エコロジーセンター事業運営委員会／京都市ごみ減量推進会議2R文化発信事業／特定非営利活動法人KES環境機構KES倶楽部世話人会／京都市北青少年活動センター北コミまつり。

【連絡先】東山オフィス
特定非営利活動法人暮らしデザイン研究所
〒605-0018　京都府京都市東山区巽町442-9　京都市東山いきいき市民活動センター2F
TEL/FAX：075-551-9396　URL：https://kurashi-design.org/

【執筆者紹介】

[監修]

須賀　英道（すが・ひでみち）
特定非営利活動法人暮らしデザイン研究所理事・精神科医・龍谷大学保健管理センター教授・日本ポジティブサイコロジー医学会理事

森下　真紀（もりした・まき）事例7-5
特定非営利活動法人暮らしデザイン研究所理事長・整理収納コンサルタント

香田　雅子（こうだ・まさこ）事例7-3
特定非営利活動法人暮らしデザイン研究所理事・整理収納アドバイザー

尾山　敬子（おやま・けいこ）事例7-2
整理収納コンサルタント

河﨑　純子（かわさき　じゅんこ）
高齢者の整理収納サポーター養成講座〈基礎研修〉認定講師・薬剤師

川西　由佳（かわにし・ゆか）
高齢者の整理収納サポーター養成講座〈基礎研修〉認定講師・認知症サポーターキャラバンメイト・ステップアップ指導者養成講師

川東由雅里（かわひがし・ゆかり）
高齢者の整理収納サポーター養成講座〈基礎研修〉認定講師・整理収納アドバイザー

木村　直美（きむら・なおみ）
高齢者の整理収納サポーター養成講座〈基礎研修〉認定講師・介護福祉士

鞍貫　清子（くらぬき・きよこ）
高齢者の整理収納サポーター養成講座〈基礎研修〉認定講師・整理収納アドバイザー

清水　麗子（しみず・れいこ）
高齢者の整理収納サポーター養成講座〈基礎研修〉認定講師・福祉住環境コーディネーター

高田　経（たかだ・きょう）
高齢者の整理収納サポーター養成講座〈基礎研修〉認定講師・看護師

中川　恵子（なかがわ・けいこ）事例7-1
高齢者の整理収納サポーター養成講座〈基礎研修〉指導者・理学療法士

西村　英記（にしむら・えいき）
EIKI行政書士事務所代表・行政書士

弘瀬　美加（ひろせ・みか）
高齢者の整理収納サポーター養成講座〈基礎研修〉認定講師・ルームスタイリスト・プロ

源　麻衣子（みなもと・まいこ）
高齢者の整理収納サポーター養成講座〈基礎研修〉認定講師・インテリアコーディネーター

村田　節子（むらた・せつこ）事例7-4
介護福祉士

村松　淑子（むらまつ・としこ）
高齢者の整理収納サポーター養成講座〈基礎研修〉認定講師・整理収納アドバイザー

[編集担当]

西本　雅則（にしもと・まさのり）
特定非営利活動法人暮らしデザイン研究所理事・京エコロジーセンター事業運営委員

組版：小國文男
装幀：中村義友（エス・エヌ・ピー）
イラスト：和多田一美

【高齢者の整理収納サポーター養成講座〈基礎研修〉公式テキスト】
地域で支える高齢期の整理収納―自宅でいきいき暮らすために―

2017年3月5日　第1刷発行

編　者	特定非営利活動法人暮らしデザイン研究所®
発行者	竹村正治
発行所	株式会社　かもがわ出版
	〒602-8119　京都市上京区堀川通出水西入ル
	TEL 075(432)2868　FAX 075(432)2869
	振替 01010-5-12436
	ホームページ http://www.kamogawa.co.jp
印刷所	シナノ書籍印刷株式会社

ISBN978-4-7803-0904-1 C0036　　　©2017